피타고라스 생각 수업
수학자는 어떻게 발견하고 분석하고 활용할까

畢達哥拉斯的
思考課

從通勤到愛情，
用數學家的思維解決問題

李光淵／著　楊嬬霓／譯

· 前言 ·

像數學家一樣思考
會帶來的好處

　　人類在地球生態系中位居最高位的理由是什麼呢？生長在地球上的無數動植物中，為何偏偏只有人類能造就文明呢？

　　動植物都在自己所屬的世界依本能努力活著，根據自然定律進食、睡覺、休憩和繁衍後代，人類也一樣；然而我們與它們的不同之處，在於我們有「思考行為」之實。

　　人類的思考並非受限於一定框架、只能守著無法越線的封閉思想，而是超越宇宙到無窮遠的非常廣闊且自由的思考；這就是「思考的自由」。要實現思考的自由大致有透過文學和哲學這兩種方法。由於前者大部分較主觀，所以能透過閱讀、理解並發展的共同範圍很有限。

為了享受廣泛思考的自由，我們必須將焦點轉換到哲學上。當然，哲學也受主觀影響，但大部分是任何人都能產生共鳴並認同的相對客觀的內容。也就是說，為了使他人能理解自己的主張並產生共鳴，有邏輯的表述在哲學中必不可少。這時，我們所需要的就是「數學思維」，也就是「數學家的思想」「數學家的思考方式」。

常聽人們說：「學數學很傷腦筋啊」，也聽過有人問：「到底為什麼要學數學？」還有不少人會反問：「就是啊，幹嘛學那麼難的東西？」並補上「想上好的大學就得會數學。」但這些都是不了解「真正自由」的發言。

我們究竟為什麼要學數學呢？為何要學習數學的問題已經存在很久了。讓我們從西元前300年左右，撰寫了不朽經典《幾何原本》的古希臘數學家歐幾里得和他弟子的對話來一窺究竟吧。

弟子：「老師，學習幾何學之後會得到什麼？」

歐幾里得聽了，便交代身邊的僕人說：「給他幾枚硬幣吧。因為他總想從學習中獲得好處。」

大約過了2300年後，類似的事件又發生了。俄羅斯的數學家裴瑞爾曼證明了世界七大數學難題之一的「龐加萊猜想」。他對自己達到的成就不求任何報償，拒絕了證明此

難題時可獲頒的100萬美元獎金、頂大的教授職位和被譽爲數學界諾貝爾獎的菲爾茲獎。人們問他理由，他這麼回答：

「我在追尋宇宙的祕密，又怎麼會迷戀100萬美元呢？」

歐幾里得和裴瑞爾曼肯定是認爲「數學的意義在於發現世界的祕密和隱藏的眞相，而不是爲了獲得其他什麼的工具」。可見對他們而言，數學純粹只是探求眞理的媒介，而且學習數學的目的無法用其他來取代。

事實上，數學一直都在引領人類文明的進步，這都是因爲有了數學家們的數學思維和成果才得以實現。但即便是科技發達的今日，人類未知的領域和等待發掘的事物仍然無窮無盡。

數學家牛頓說過：「在我眼前，仍有一片懷藏著未被發掘眞理的廣闊大海。」

從人類開始建立並發展文明的很久以前，到現今的第四次工業革命時代，數學不停地發展並持續有新的發現。在這個過程中，人類文明製造了必須解決的問題，而在許多

情況下，數學成了解答。

多虧了文明和數學的相互作用，我們製作地圖、發展航海術並和各國交流至今。我們使用了收音機、電視、電話、電腦等，而且終於預計在不久的將來，將和搭載人工智慧的機器人一起生活——數學使現代文明合理運作並發展，而且是提供活在21世紀的我們創造性邏輯思維的基礎。

不論我們想不想要，或感不感受得到，數學家的思想促使人類文明發展，並形成了不斷挑戰未知世界和克服逆境的生活方式。這樣的數學思維絕不是專家的專利。數學從很早以前就存在我們的日常生活中直到現在，並仍持續不斷發展。**數學思維的發展和繼承，正是我們學習數學的理由之一。**

數學不是只有頭腦好的人才能學習，只要能做簡單、有邏輯的思考，誰都可以學習數學。另外，只要是想享受思考遊戲的人，誰都可以學習數學。當然，只靠數學無法大幅增加思考力，但若想在培養思考力時藉著有邏輯的方法和發想的轉換來增加思考的廣度，數學是最好的選擇。當你從數學中找到真理時，你能感受到在其他地方都無法獲得的嶄新喜悅。

偉大的數學家畢達哥拉斯是第一個自稱「哲學家」的

人；他所謂的哲學家是「愛智慧的人」。若根據畢達哥拉斯的說法，哲學家為了做哲學，最先必須學習的正是「數學」。他要求他的所有弟子都必須學習數學，而最終，畢達哥拉斯自己的所有哲學也都建立在數學之上。

雖然我們沒辦法成為畢達哥拉斯和他的弟子，但若想依他的主張成為愛智慧的人，那麼至少現在起，得要認識數學。比起想成是學習數學，若將這視為是「思考的學習」，那麼數學會變得很有趣。

像數學家一樣思考有很多益處，能將世界上複雜的問題單純化，也能讓模稜兩可的情況變清晰，更可以一次獲得用數字看世界的趣味、做數學思考帶來的領悟，甚至還有觀察人類文明的過去、現在和未來的新視角。

因為世界上的一切都是由數組成，畢達哥拉斯主張「萬物皆數也」。在此期許我們所有人都能獲得如數學家看世界的新思維。

CONTENTS

第1章
思考問題，發現看不見的事物

第**2**章
思考理論，分析日常

第**3**章
思考創意，想像並提問

CONTENTS

第**6**章
思考活用，像數學家一樣思考

思考問題，
發現看不見的事物

How To Think Like
Mathematicians

01

將世界看作
問題的視線

旅行推銷員問題

　　人們大多認為「數學」是為了解決問題的工具。但與其說「為了解決問題」，數學更像是「為了找出問題的工具」；數學家不是「解決問題的人」，而是「製造問題的人」，因此也有人戲稱數學家是「問題兒童」。

　　儘管如此，數學家並不是什麼問題都製造。人活在世上，不得不面對現實中難以解決的問題。為了解決這類問題，數學家將生活遇到的問題轉換成數學，再將變換後的數學問題套回現實並予以克服。所以說，數學家是「解決問題的人」。然而，煩惱著尚未出現在這世上的各種情形和問題，並設法找出解答的「製造問題的人」也是數學家。而這類「被製造的問題」儘管多半是經由理論並設定

條件所提出的，確實也有不少解決了短則十年、長則幾百年後出現的困難。舉例來說，出現在13世紀前半的「費波納契數列」（費氏數列），不僅在大約700年後的某一天解說了自然現象，更被活用在電子通訊等尖端科技上。再舉一個更貼近生活的例子；

雖然現在幾乎銷聲匿跡，但過去曾有過直接登府拜訪消費者並販賣各種商品的推銷員。假設某化妝品推銷員要從公司前往消費者的家中拜訪並販賣商品，然後再回公司結算業績。

此時，因為推銷員要在不重複的前提下拜訪多戶人家，並不漏掉任何一戶地返回公司，所以必須找出既能拜訪所有消費者住處、交通花費又最少的最佳路線。若將數學應用於此，就能找出推銷員在訪問每個地點一次後，回到原起點、費用最少的移動順序。

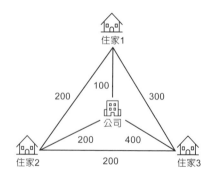

上圖中，以線條表示連接公司和三處消費者住家的道路，並假設線上所標示的數字為兩地點間的交通費。那麼推銷員從公司出發後，第一個能去的地點有三處；第二個能去的地點有兩處，最後要去的住家只有一處；因此，推銷員從公司出發，拜訪完三戶人家後回公司的方法數共有 $3 \times 2 \times 1 = 3! = 6$ 種，再從6種方法中選出交通費最低的，就是最有利的移動法。推銷員實際可走的6種情況和其對應費用（距離）如下：

① 公司→住家1→住家2→住家3→公司 = 100+200+200+400 = 900
② 公司→住家1→住家3→住家2→公司 = 100+300+200+200 = 800
③ 公司→住家2→住家1→住家3→公司 = 200+200+300+400 = 1,100
④ 公司→住家2→住家3→住家1→公司 = 200+200+300+100 = 800
⑤ 公司→住家3→住家1→住家2→公司 = 400+300+200+200 = 1,100
⑥ 公司→住家3→住家2→住家1→公司 = 400+200+200+100 = 900

各位若是推銷員的話，會選擇上方6條路徑中的哪一條呢？想必會選費用最少的②或④吧。

推銷員只需訪問三處住家的話，或許還能一一計算，但若是要訪問的住家變多的話，能走的路線數便會隨之增加。舉例來說，若有4家，可能的路線數就會是 $4! = 4 \times 3 \times 2 \times 1 = 24$ 種；若有5家則是 $5! = 120$ 種；那麼要是

有10家，將要拜訪的路線數就足足有10!=3,628,800種。光是10家，要在一天內全數拜訪完畢，想一一用手計算、找出最有利的路徑簡直是天方夜譚。這個時候，就需要數學了。

我們可以把上述的例子稱為「旅行推銷員問題」，若以數學的圖論表示的話，會是：

- 在各邊標有權重（weight）的完整圖形中，找出最小值的漢米爾頓迴路（Hamiltonian Circuit）。

在今日，旅行推銷員問題可活用在快遞送貨員要出發送貨前確認目的地，或是跑外勤的職員一早計畫移動路線。多數快遞員並不會根據送貨量用數學方式計算路線，但會在腦中想好一天內要以什麼路線送貨，再根據自己的想法一處一處去跑。雖然沒經過精算，所選的路線也不是最短最省時，但實際上仍在無意間使用了數學。

旅行推銷員問題比我們所想的更常被運用在日常生活中。例如，各位需要從家裡出發，再拜訪多處後返家時，就能套用旅行推銷員問題，以最快、最短路徑完成拜訪，然後返家休息。

若想搭乘公車旅行全國，也能利用這套方法將時間和費

用壓至最低；另外，它也能被活用在地鐵、市公車路線、城市的瓦斯管線和水管等的規畫配置上。

若是把旅行推銷員的演算法套入使用黃金等稀有金屬的各種電子電路上，則能減少線路長度、用最少的貴金屬，進而節省材料費。

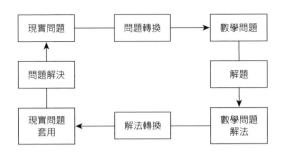

像這樣將日常的問題「用數學解決的想法」就是「數學思維」。數學即是將這類現實問題轉換為數學問題，再透過找出該數學問題的解決方法，使原本給定的現實問題能獲得解決；數學能提出要解決現實困難所需的最佳問題並加以解決。像這樣的所有過程都是數學思維，而擅長數學思維的人也就擅長數學。

不少人稱數學是和現實生活八竿子打不著的學問，更針對數學說：「只要會算錢就好，幹嘛要學那麼難的東西？」但實際上數學和我們的生活密不可分，而且從古至今累積的眾多數學理論和公式，確確實實一點一滴地改變

我們的生活。市區商圈分析、能源效率優化、電子交易個資對策、股價和匯率、油價預測及人工智慧和大數據等，活用範圍無限廣。

畢達哥拉斯也主張「萬物皆數也」，對他來說，數學是必須學習的領域。他在培育弟子時也運用數學進行教學。畢達哥拉斯相信，「數能領悟永遠不朽的型態，並擁有領導靈魂的力量」。

越來越多公司開始擴大活用數學，不論是金融、能源或製造業，各個領域的公司都在找數學家。特別是**進入第四次工業革命時代，在與AI機器人競爭下，人類能比它們做得更好的領域正是數學**，也因為這樣才有不少學者宣稱「未來是數學戰爭的時代」。

要如何才能像數學家一樣思考並擅長數學呢？讓我們一同前往數學的世界探險吧！

02

有時推測
能解決問題

費米推論

你能回答出下列問題嗎？

• 韓國一天賣出的炸雞有幾隻？
• 芝加哥的鋼琴調音師共有幾名？
• 首爾有幾間髮廊？

要能快速回答這些問題並不容易。但只要藉用數學思維，就能相對容易得到答案。

首先，讓我們試著找出第一個問題的答案吧。究竟韓國一天賣出多少隻炸雞呢？

以人口5,000萬來說，假設一個家庭有2～3名成員，那

總家庭數大約為2,000萬戶。試問，每一戶人家平均有多常點炸雞呢？

一天一次太頻繁，一個月一次似乎又太少了，不符合實際民情，所以我們假定一週點一次左右，那麼一週就會賣出2,000萬隻雞，而一週有7天，所以一天賣出的炸雞是2,000萬除以7等於$20,000,000 \div 7 \approx 2,857,000$隻；由此可知平均一天大約賣出290萬隻炸雞。

透過這個推測，也能推估出韓國的炸雞店數量。要經營炸雞店，就要有一定的收益保證，如果一天只賣出10隻雞，炸雞店肯定會倒閉，儘管如此，一天要能炸1,000隻雞的炸雞店並不多。所以，以每家炸雞店一天平均賣約40隻、一週營業6天來看，能預測每家店一週會賣出240隻炸雞。然而一週全國的消費量是2,000萬隻，所以$20,000,000 \div 240 \approx 83,000$，是故可推測出韓國約有8萬3,000家炸雞店。

實際上，若根據2019年6月3日《韓國經濟日報》的報導，全國的炸雞店數量約為8萬7,000家。雖然相差約4,000家，但這個數字已是很接近實際的近似值了。理由是大約有4,000家的炸雞店必定蒙受虧損，幾乎沒賣出炸雞。

上述這種問題的解法稱為「費米推論」，源自1938年諾貝爾物理學獎得主艾力克・費米（Enrico Fermi）。又因為具有「推測並求其值」的含義，也被稱作「猜估」（Guesstimation）。

費米於1942年首次成功進行了人工核反應爐實驗，並在1944年受邀加入美國洛斯阿拉莫斯國家實驗室擔任副主任（電影《奧本海默》的主角是首任主任），同時也是啟動核武發展的「曼哈頓計畫」中的關鍵人物。

第二次世界大戰末期的1945年7月16日，美國在新墨西哥州的沙漠中央進行了史上最初核武試爆。那天，費米在距離爆炸中心約10公里遠的基地裡，透過簡單的實驗推論出實驗彈爆炸時的威力有多強。費米在核彈爆發時將紙片撕碎，投入爆炸所引起的暴風中。當時他做了以下的推論：

爆炸後約40秒，暴風抵達了我所在的地方。我在衝擊波經過的前、中、後分別將碎紙片從高約1.8公尺處投下並試著推定爆炸威力。因為那時正好沒有風，我能很明確並如實地測量暴風經過時下墜紙片的位置變化。紙片飛出的距離約為2.5公尺，在當時的條件下，這代表爆炸的威力相當於1萬噸的黃色炸藥（TNT, trinitrotoluene）。

費米用簡單的計算得出核彈的威力為1萬噸黃色炸藥的事實。實際上，該次實驗得出的核彈準確爆發力據說是1萬8,600噸黃色炸藥。

1940年，費米在芝加哥大學的課堂中首次使用了此一

方法。費米爲了養成學生的思考力，提出「住在芝加哥的鋼琴調音師有幾名？」的問題。就在學生回答不出此問題時，費米做了以下假設：

① 芝加哥的人口約爲300萬人。
② 每個家庭的成員約有3人。
③ 設定有鋼琴的家庭占10%左右。
④ 假定鋼琴一年調音一次。
⑤ 調音師調音所需的時間包含交通時間爲2小時左右。
⑥ 調音師一天工作8小時，一週5天，一年50週。

費米以上述假設爲基礎，依以下邏輯推論出鋼琴調音師的概略人數。

① 人口爲300萬人，3人組成一個家庭，則在芝加哥約有100萬個家庭。
   （3,000,000 ÷ 3 = 100,000）
② 鋼琴擁有率爲10%，所以芝加哥約有10萬架鋼琴。
   （$1,000,000 \times \frac{10}{100} = 100,000$）
③ 假設鋼琴一年調音一次，則芝加哥的鋼琴調音件數一年爲10萬件。
④ 鋼琴調音師爲一架鋼琴調音需花2小時，若一天工作8

小時，則一天能調4架鋼琴。

⑤ 調音師一週工作5天，一年工作50週，則一位調音師一年能爲1,000架鋼琴調音。

⑥ 因此芝加哥的鋼琴調音師人數爲100人。
（100,000÷1,000＝100）

費米猜估得到的鋼琴調音師人數，和當時實際在芝加哥電話簿中的人數相近，可見這並非荒誕無稽的推論。作爲這類推論基礎的費米推論，是透過基礎知識和合理猜估在短時間內得出近似值的數學過程。

接下來，就讓我們試著用費米推論來解決「首爾有幾間髮廊？」的問題吧。

首先，我們必須像費米一樣設立幾項假設。

① 首爾的人口約爲1,000萬人。

② 每人去髮廊的頻率爲一個月一次。

③ 髮廊週休一天，一個月營業26天。

④ 一間髮廊平均有3名設計師。

⑤ 一名設計師1小時能爲2名客人整理頭髮。

⑥ 設計師一天工作10小時。

若根據上述假設，首爾所有髮廊一個月總共能接待

1,000萬名客人；一間髮廊一天能接3×2×10＝60名客人，而一個月能接60×26＝1,560名客人。因此首爾的髮廊數為10,000,000÷1,560≈6,410間，據此可知，首爾大約有6,500間髮廊。

費米推論不只被活用在像「賣出的炸雞量」「髮廊數量」「參與某種集會的人數」等單純的生活問題上。在科學界也颳起「我們的銀河系中有幾個外星文明？」的推論競爭。

科學家的推論並非概括整個宇宙，而是光太陽系裡、地球所在的銀河系中，就有約36個外星文明存在。同時也推測由於外星文明間距離太遙遠，所以無法互相往來。藉由此類的推論可知，無數銀河所在的整個宇宙中，有不計其數的外星文明存在。

原本推測外星文明數量的方法中有所謂的「德雷克公式」，是以1960年代最初提出此公式的法蘭克‧德雷克（Frank Drake）博士命名。此公式是計算可和人類通訊、有智慧的外星生命體數量的算式，而這個公式也是從費米推論延伸出來的。費米推論不只在日常生活，甚至包括尖端科學的各個領域都被頻繁活用。

費米推論不是為了找出精確答案的數學算式，而是探

討如何在最有限的條件中，有邏輯地找出給定問題的答案過程的數學算式。費米推論不像微積分，需要很高的數學能力，只需要小學程度的簡單算數、基本常識和邏輯思考力，就能充分應用。費米推論的意義在於使用合理的假設和合乎邏輯的假說，在短時間內得出大概的推定值。因為知道的資訊越多越有利，所以費米推論必須將已知的資訊最大化活用，以產出新的資訊。

當今世界每天都在快速變化，各種不確定性也隨之快速變化且日漸擴大。在這種情況下，只要活用費米推論，就能透過誰都知道的簡單常識，迅速獲得有助減少不確定性的情報，並能運用這些資訊快速做出有益的推論。當然，精確的推論需要經過嚴格的統計檢證，但為了適應快速的決策和瞬息萬變的超資訊時代，費米推論絕對是最便利的「資訊擷取機」。

而這部資訊擷取機就存在我們每個人的頭腦裡，它是否為我們所用，或是已經被放到生鏽了，都取決於個人。在這個充滿不確定的世界，若想得到明確的答案，必得學會擷取和活用資訊的數學思維。

03

理解過去的，
才能明白新的

溫故而知新

　　國語使我們能用文字表達想法和溝通，外語使我們能和外國人對話，科學使我們的生活便利，那麼我們又爲了什麼需要數學呢？

　　在科學領域中，數學被稱作是最高冷和純粹的學問，儘管被用在許多領域上，但幾乎不被人們感知。大家普遍認爲，數學頂多是去買東西時，爲了付錢而用的加法和乘法、爲了確認有找對錢而用的減法，和爲了將所買物品公平分配而用的除法。而且去便利商店或超市等地方購物時，只要將選購的商品交付收銀檯，電腦就會精確地計算出支付金額和所需找零；若是用信用卡或支付APP結帳，加、減、乘、除等四則運算幾乎用不上。這樣看來，數學

好像真的毫無用武之地……在此為大家說個有趣的故事。

　　有幾個人到深山的溪谷郊遊時，因溪谷美麗的風景分神而迷了路。於是他們開始討論該如何找路，當時，同行的A說了：

　　「這裡是溪谷，只要大叫的話，回音就能傳到遠方。一旦有人聽到，就會來幫助我們。」

　　於是大家齊聲大叫。

　　「救命啊，我們迷路了！」

　　大約30分鐘後，就像A說的，遠方傳來了一個人的聲音。

　　「哈囉，你們迷路了。」

　　之後就沒有其他回應了。於是B說：

　　「那個人肯定是數學家。」

　　其他人問他是怎麼知道那人是數學家時，他這麼說：

　　「理由有三個。第一，他針對我們提出的問題思考許久後才做出回答；第二，他的回答是對的；第三，他的答案是我們現在完全不需要的。」

　　雖然常聽到「數學很重要」，但就像從前述故事所認知到的，要知道為何需要數學並不容易。因為如果不是要專攻數學或成為數學家，只知道加、減、乘、除，在生活上

已經很夠用了。

但即便這樣，我們還是從國小6年、國中3年到高中3年，總共學習了12年的數學。為什麼基礎教育都要我們非學數學不可呢？只是為了考上好大學而必須的嗎？還是為了要區分每個人的大腦能力呢？到底，我們為什麼需要學如此又難又累人的數學呢？

讓我們用下面的假想故事更進一步來看看，為何我們需要數學吧。

背景是西元2050年麥斯博士的研究室。麥斯博士在歷經20年的研究後，終於完成了時光機，並且將名為智吾和阿里的兩個孩子送回西元前500年左右的古希臘學校做時光旅行。

麥斯博士一按下出發按鈕，智吾和阿里所乘坐的時光機瞬間就抵達西元前500年、古希臘的某間學校。那間學校正好在上科學課，教室裡的老師說：

「各位，我們所住的地球是平的。而太陽是被海利歐斯的黃金馬車載著，一天一次，從東到西橫越天空；等到了晚上，再由大船順著地下世界的河流再載回東方，並反覆不斷。」

聽見這番話的阿里對老師這麼說：

「不對，地球是圓的。而且不是太陽在地球的周圍轉，而是地球繞著太陽公轉。」

聽了阿里的話，老師和學生們笑成一團說：「地球如果是圓的，那在側面和下面的人們早就全都掉進宇宙了。而且地球轉動的話，我們會頭暈，那要怎麼活呢？別胡說八道了，立刻滾出去！」

於是智吾和阿里被老師和其他學生當成傻瓜並且趕出教室。智吾和阿里再次搭上時光機，前往更早以前的西元前1000年。那裡的學校正在上數學課。

「15隻兔子共有幾隻腳？」

對於老師的問題有個學生回答：

「首先1乘4是4，5乘4是20，所以兔子的腳的數量是60隻。就像下面的算式所得。」

$$
\begin{array}{r}
15 \\
\times\ \ 4 \\
\hline
4 \quad \leftarrow(1\times4) \\
20 \quad \leftarrow(5\times4) \\
\hline
60
\end{array}
$$

聽到這個回答，這次阿里對智吾悄聲說道：

「智吾啊，那個學生學的乘法和我們學的乘法順序不一樣欸。」

要是各位搭乘時光機回到距離現在約3000年前的過去，

語言、文學和歷史就不用說了，在科學領域肯定也會遭遇困難吧。不過，數學儘管隨著時代在記號和表現方法上有所不同，但基本的內容是相同的，所以並不妨礙理解。

像這樣，若和3000年前古代人類所學的數學相比，我們在學校所學的大部分數學只有記號、標記方法和使用的語言不同，內容並沒有太大差異。數學從非常久以前就開始一點一滴累積其內容，並逐漸拓展領域；在提升人類思考力的同時，也一路奠定了文明發展的基石。

以國文來說，若是看不懂小說，可以學習詩以獲得好成績；若是讀不懂古典文學，可以學習現代文學以獲得好成績。英語也一樣，不知道名詞也能理解動詞；不懂進行式也能理解過去分詞。但數學就不是這麼一回事了。

數學有一點一滴「累積」而成的特徵。舉例來說，若是不會加法，那麼也就不會減法、乘法、除法，並無法做四則運算；若是不會四則運算，就不能理解整數、有理數、無理數、實數、虛數、複數等運算，也就不能理解表示文字和算式。若是不能理解表示文字和算式，就不能理解數學中最常登場的公式和函數。於是也就不能理解微積分，也完全無法理解任何工程學的內容。大學文組的管理學或經濟學也有非常多數學要素，若未累積足夠的數學基礎，學習起來也會比較吃力。不會加法，就等同於不會數學。

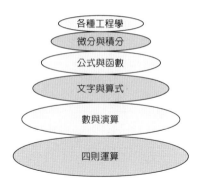

各種工程學

微分與積分

公式與函數

文字與算式

數與演算

四則運算

　　所以從高中開始才決心發奮學習數學的人，必須先確認是否已經充分理解國小和國中課程的數學內容，再來學習高中數學。否則，就會像針孔般的小洞能使大水壩坍方一樣，到頭來會整體崩潰，最後成為所謂的「數學難民」。

　　認為自己是數學難民的人，請先打開數學課本找出自己哪裡不懂，得知道是哪裡不懂，才能辨識原因是出自國小、國中，還是高中數學。

　　舉例來說，要是不理解有理函數 $f(x)=\dfrac{ax+b}{cx+d}$ 的話，就請看看是否清楚理解了一次方程式 $ax+b=0$ 和一次函數 $f(x)=ax+b$，或確認是否完全明白分數 $\dfrac{a}{b}$ 的意思。要是不理解分數 $\dfrac{a}{b}$ 的意思，就必須重新學習國小學過的除法和分數。

　　如果是不理解一次方程式和一次函數的話，就必須回到國中數學。因此，數學可以說是「必須理解過去的，才能明白新的」的一門「溫故而知新」的學問。

承認現在不懂而重新學習絕對不是丟臉的事；真正丟臉的，是明明不懂卻還以為自己知道的心態。要是抱持這種心態，是絕對不可能學好數學的。最重要的是，希望各位能切記：數學是必須從開始一點一滴累積的科目。因此只**要做好累積數學思維的基礎功夫，學會像數學家一樣思考非難事。**

04

將80億個想法統合
為1的能力

縮小

　　即使大概理解了何謂數學思維，要像數學家一樣思考或是實踐數學思維仍不簡單。若想掌握數學的全貌，可以先試著了解縮小和擴張在數學中的意義。

　　在數學中有「縮小和擴張」兩個相反的特徵。數學喜歡將一切簡單地縮小，或是把像沙粒一樣細小的東西擴張到比地球還大。

　　首先，來了解一下數學的縮小。

　　某一天，你突然有100萬韓元可以去濟州島旅行，而旅行有三項必須要素：前往濟州島的交通方式、住宿，以及飲食。先設定這三項要素的花費總額必須正好為100萬元。

由於每個人的旅行重點都不一樣，有的人會把經費多花在至今不曾坐過的飛機頭等艙，住宿和飲食則大概解決，因此他可能會計畫交通費為80萬元、住宿和飲食費各10萬元。

　　重視住宿的人，則會預約飯店高價的房間，交通和飲食則打算便宜解決，所以他可能會計畫交通費10萬元、住宿費70萬元、飲食費20萬元。

　　重視飲食的人，可能會想將濟州島特產全部嘗一遍，那麼他就可能會計畫交通費20萬元、住宿20萬元、飲食60萬元。像這樣，隨著重點不同，旅行經費的分配也會有很多種方式。若是有10名旅客，可能會有不盡相同的10種計畫；若是有100名旅客，可能會有將近100種的旅行法。萬一旅客有100萬或1,000萬名會怎樣呢？我們必須一一求出那麼多種情形嗎？

　　當然，只要利用數學就沒那個必要；而且奇妙的是，數百萬人所主張的各自不一的想法和意見，可以藉由數學很簡單地被表示。

　　再次舉旅行的事為例；若設定交通為x，住宿為y，飲食為z，所有的情況都能簡單地用公式$x+y+z=100$來表示；有序對(x, y, z)即是給定公式的解。像這樣的表示方式，不論是100萬人、1,000萬人或是居住在地球上的80億人，只要在給定公式的未知數中排定自己想要的數字，再找出

(x, y, z)即可。此外，若想用眼睛確認所有可能的情況，只需要畫出和下方一樣$x+y+z=100$的圖就可以了。圖爲一斜平面，抓出斜平面上的任何一個點，都能符合給定的旅行條件。

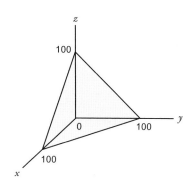

　　像這樣把複雜又多樣的情況或問題簡化表示，並找出問題解法的思考，就是數學思維。其實我們常以數學解決周圍發生的多種問題，只是沒認知到那就是數學思維。因此，可以說數學是「將數十億個各不相同的想法和表現，用誰都能認同的簡單表現做出表示的方法」。**數學是「將想法單純化的作業」，也是「統合多種想法爲一種的方法」。**

　　現今地球上約有80億人口，人們各自抱著各式各樣的想法生活著。但是在這各不相同的80億個想法中，能找出共同點嗎？

人們為了解析文學、藝術或社會現象，與擁有相近見解的人互相分享各自的想法，並為了使自己的想法被接受，與自己見解不同的人進行說明和討論。因此在這些領域，會形成功利主義、超現實主義、印象派、伊利亞學派等各種學問、藝術、思想的派別。甚至，在比如宇宙的形成原因或是各種病毒研究等的尖端科學中，也會有針對同一對象研究，各自得出不同結果的情況。

然而在數學裡，並沒有各自主張不同想法或結論的主義或學派。硬要算的話，的確有既是數學家又是宗教家的畢達哥拉斯與其弟子的「畢達哥拉斯學派」，以及想為20世紀初數學教科書打下基礎而開始的「布爾巴基學派」。但是這兩個學派在數學的部分並沒有提出任何不同內容的主張，而是針對以什麼方式向他人傳達這共同的想法和結論——非數學本身，而是數學外部領域——所分的學派。

現在住在地球的約80億人口都同意，能將80億個想法統合為1，不單是將想法簡化而且還能讓所有人都認同的，就是數學；這也可以說是靠數學思維整合所做的縮小。

05

超越點、線、面，朝向N次元

擴張

讓我們再更深入挖掘數學的全貌。

在數學中，「點」可以說是幾何的開端。點是0次元，而沒有長、寬和厚度，是僅有位置的存在，因此點無法移動。

假設我們用墨水將點填滿，再往某一方向拉出一定距離，而產生了一條痕跡。這條痕跡可能是1次元圖形的線段，或稱直線，對吧？因為點並沒有體積，所以從點拉出的線也沒有寬度和厚度。線是1次元的理由，是因為線上的點只能做東西方向的移動，這種情況下，我們可以將直線上某個點的位置以 $P(a)$ 表示。

請試著想像我們用墨水將線段填滿，再往垂直方向拉出一定距離，並產生了線段的痕跡。由於線段被拉動，而形成了2次元的平面。同樣的，線段沒有寬度和厚度，所以平面也沒有厚度，但因爲占有面積而有寬度。平面是2次元的理由，是因爲平面上的點不僅能東西向移動，還能南北向移動。

此時，平面上的點可以用 $P(a, b)$ 作表示；a 表示東西向移動的量，b 表示南北向移動的量。若再次用墨水將2次元平面填滿並往垂直方向拉出一定距離，就會出現3次元的立體。3次元立體有體積，並且不只能東西南北，還能上下移動，所以是3次元，其中的點可以用 $P(a, b, c)$ 作表示；此時，a 表示東西向移動的量，b 表示南北向移動的量，c 表示上下移動的量。

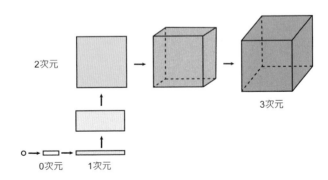

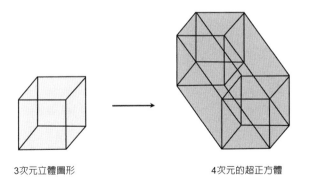

3次元立體圖形   4次元的超正方體

　　再繼續用墨水將3次元的立方體填滿，並朝一定方向往上拉的話，可以想像會形成4次元的立體圖形。如此一來，所獲得的4次元立體圖形叫作「超正方體」，並且在4次元中的點可以用 $P(a, b, c, d)$ 作表示。

　　當然，雖然不能再畫圖表示，但若將此方法持續反覆，就可以得到 n 次元的圖形，在 n 次元空間中的點可以用 $P(a_1, a_2, \cdots a_n)$ 作表示；這就是只有數學才能做到、非常自然的空間擴張。

　　為了能更簡單地理解次元的概念，首先請想像一個只由一條數線構成的空間。想像一下，當直線上的點移動時，它只能跟著數線往左或往右移動。P 點不論是往左或往右移，結果都只能在給定的該條數線上移動。

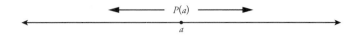

　因此，給定數線上的各點，都能靠移動點 $P(a)$ 使其重合。也就是說，在數線上能獨立移動的分量（Component）只有一個，所以數線為1次元。若以原點0為基準，就可以分為正數和負數 $2(=2^1)$ 部分。

　現在，請想像在平面上的一點。雖然數線上的點能根據其在原點的右邊或左邊、距離多遠知道該點的位置，但平面上的點和數線上不同，能往上、下、左、右四個方向自由移動。所以需要能定出位置的另一種方法，這就是「笛卡兒坐標系」，也稱作「直角坐標系」。

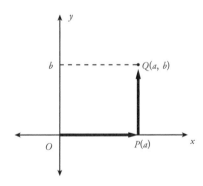

如字面上的意思，直角坐標系是將兩條數線垂直相交，並以橫線爲x軸，直線爲y軸；平面上任一點Q的位置表示爲（x坐標, y坐標）。如此一來，便能以原點0爲基礎，根據平面上某點分別距離x軸、y軸多遠，簡單地知道該點位置。

然而在x軸和y軸上移動的各點互不影響另一軸，所以在平面上能獨立移動的分量有兩個；意即平面爲2次元，共分爲$4(=2^2)$個部分，各稱爲第1象限、第2象限、第3象限、第4象限。此時x軸和y軸上的點不屬於任何象限。

若再更擴張、將三條數線彼此垂直相交，又會如何呢？

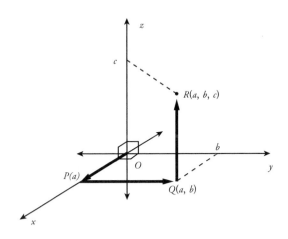

若要讓三條直線彼此垂直相交，則必須想像一條和兩條數線垂直相交所形成的平面垂直相交的數線。和在平面上時相同，點R的位置可以用有序對 (a, b, c) 表示，並且可各自獨立移動。因此三條數線垂直相交會形成3次元空間，共分為 $8(=2^3)$ 個部分。這些部分各稱為第1卦限、第2卦限⋯⋯第8卦限。此時x軸、y軸和z軸上的點同樣不屬於任何卦限。

　　不難想像，4次元是四條數線彼此垂直相交的空間，且共分為 $16(=2^4)$ 個部分；5次元是五條數線彼此垂直相交的空間，並共分為 $32(=2^5)$ 個部分。但是這類空間我們無法在平面上畫出來，只能在腦中想像。

　　由於我們只能想像而無法實際經歷高次元，所以不知道會發生什麼事。也就是說，因為我們的思考處在3次元空間，所以無法確認在更高的次元會發生什麼事。不過，再怎麼高次元，我們都能透過數學的準確性、嚴密性和自然擴張性，了解並感受高次元的一部分；是數學讓這一切變得可能。

　　同時具有縮小和擴張兩種相反性質的數學，其重要性不言而喻，但**我們必須確實知道如何在日常生活中進行數學思考。這是為了培養透過數學思維積極解決現實生活中各種問題的能力。**

　　擅長數學的人大多都能有邏輯地解決現實生活中所面臨

的各種問題。若有人主張「雖然我讀書時數學並不好，但現在能有邏輯地解決周遭問題」，那麼在無意之間，數學思維已在他的腦中發揮作用，使他能有邏輯地輕鬆解決問題。

我敢保證，這類人要是以前更努力一點學習數學，肯定可以成為優秀的數學家。但在某些情況下，即使有人主張自己善於解決問題，也無法知道那究竟是不是最佳的方法和結果。也就是說，因為不做數學思考，所以經常以蒙受損失的方式解決問題、得過且過的可能性很高。因此，如果能理解數學並熟悉如何進行數學思考，人生肯定會美好地大躍進。

畢達哥拉斯的傳奇

　　雖然有些人認為數學沒有存在必要，最好從世界上消失，但有個人卻認為，是數學造就了世界的一切。只要說出這人的名字，應該沒有人不認識他；但事實上大多數人對他的了解，都只是零星的片段。現在就來認識一下這位傳奇人物吧。

　　位在地中海中南部地區，有一頭野生的熊破壞農場並且傷害家畜，使人們陷於危險。當人們正發愁該拿熊怎麼辦時，有個人跳出來說他會負責處理熊。這時候熊恰好出現了，那人便溫柔的輕輕撫摸熊並對牠說：「別再傷害有生命的動物們，也別再出現在這裡了。」沒想到那隻熊竟然

就此轉身，默默地回到森林裡，之後也不再捕獵任何野生動物。

　　後來，當他經過一座城市，在牧場上看到一隻正在吃綠色豆子的黃牛。他向牧童說，比起吃豆子，黃牛吃草會更好，並且希望牧童轉達給黃牛。牧童邊嘲笑他，邊說自己不會說牛語，請他自己跟黃牛說。結果那人不理會牧童的嘲弄，走向黃牛，並在黃牛的耳邊說了好一陣子的悄悄話。聽完他的話，黃牛不僅停止吃豆子，在那之後也不再吃豆子。

　　又有一年，他前往參與奧林匹亞盛會時，和朋友討論到「何謂神聖？」時，他主張「一個人的身與心如果敬虔地依照神的意思行動，便能持續獲得從神而來的訊息」。又說：「特殊的鳥類、預言和徵兆，還有神聖的象徵都是神的使者。神透過它們向人類傳達真理。」這時候，他的頭上飛來了一隻禿鷹，沒想到禿鷹照著他的指示轉向後，便降落在他的手臂上。他稍微摸了摸禿鷹之後，就放牠飛走，繼續與友人交流意見。因為這樣的奇蹟，他被認為有駕馭野生動物的能力，他所教導的弟子們也都獲得了相似的能力，可說是與相傳能以音樂的力量馴服野生動物的「奧菲斯」（希臘神話故事人物＝太陽神阿波羅的兒子）擁有相同的能力。

　　不只這些事蹟，有一次此人和弟子們一起渡過流往地中

海的卡索恩托斯河（Casuentus）時，在渡河途中，他在船上向河神表示了敬意。說時遲，那時快，所有人都聽見了低沉但明確清晰的河流回應：

「您好，畢達哥拉斯先生！」

雖然關於他的評價褒貶不一，他的所作所為至今也充滿各種猜測和傳說；畢達哥拉斯曾在義大利南部城市克羅托內（Crotonian）創立一所「共修院」（Cenobites指團體生活的修道者〔希臘文原意為共同生活〕，是一個結合宗教、政治、學術研討，不分男女老幼的團體）的社群並教導弟子。

在這裡他將算數、音樂、幾何和天文學定為所有弟子都必學的科目。他解釋，會這麼規定的理由，是因為算數是學習數本身；音樂是從時間學習數；幾何是從空間學習數；天文學則是從包含神的世界的宇宙學習數。因此他認為，透過學習數學，人類能變得更加神聖、更靠近神一些。

畢達哥拉斯的弟子發誓，不會隨意告訴別人他們所學到的知識，並接受了如下的指導。

問：老師，什麼是神聖的呢？

答：太陽和月亮。

問：德爾菲神諭（Delphic oracle）是什麼呢？

答：沉默的和諧和真實的「聖十」（Tetraktys，四元體）。

問：最正確的事是什麼呢？

答：犧牲。

答：最賢明的是什麼呢？

答：數。

問：最美麗的是什麼呢？

答：和諧。

對畢達哥拉斯而言，數學是「連結看得見的世界和看不見的世界的橋梁」。他不僅運用數學以理解並對應自然，他也用數學，將人們的心思意念從肉眼可見的物理世界轉向永恆不變的世界。他使弟子們能保有「來自數學的舒適潔淨的心靈」，並透過終極的訓練，讓他們能體驗真正的幸福。

第2章

思考理論，
分析日常

How To Think Like
Mathematicians

06

將日常根據問題
類別區分

記號與分類

　　很多勉強學習數學的人常認爲，數學只存在書中，既無趣又沒用，但數學在現實生活能派上用場的地方很多。特別是懂得數學思考的人，就能發現藏在世界裡的祕密。

　　想想看，我們在超市買東西的時候，要是超市內的商品沒經過整理、到處亂放會怎麼樣呢？大概很難找到需要的東西吧，甚至可能得翻找一整天。爲了避免類似的問題，超市老闆會將同類的商品集中陳列。在排列商品的多種方法中，能爲我們找出效果最好的方法的，正是數學。

　　超市內還隱藏著另一項更爲複雜的數學原理。當我們挑完想要的商品、拿給店員時，店員會掃描商品條碼，於是收銀機螢幕上就會顯示出商品價格；有時店員也會直接輸

入條碼數字結帳。每項商品都有自己的條碼，而條碼是將使用了加、減、乘、除構成的某種暗號數字，根據一定規則排列出的結果。

另外，為了付錢，有時也會使用信用卡。信用卡裡儲存了各種信用資訊，不論是利用信用卡內的信用資訊以結帳，或是讓必要的資訊交換能在收銀檯正確進行，一切都是透過數學設計而成。

像這樣，不論我們察覺與否，數學藏在現實生活的各個角落。數學不僅存在於課本、書籍中，更是被使用在日常生活各處的實用學問。然而，要是過度強調現實面的必要性，「純粹數學」就無法得到發展，若是純粹數學沒有進展，不僅現實生活中的問題無法簡單獲得解決，和其他學科領域相關的應用數學也無法有所演進。

因此，數學的純粹領域、現實生活和其他學科彼此環環相扣，並且緊密地相互作用。

人們認為不需要數學的理由，大概是因為數學由過度複雜的記號和公式組成。這樣的記號和公式自然會讓人們感到生硬和困難，而不能理解為什麼一定要懂得複雜的數學。但在數學中，這樣的記號和公式是不可或缺的。以記號和公式表現的過程稱為「抽象化」，將數學抽象化的說法可能有些難懂，不如舉個例子來說。

就拿大象和蟬來探討吧。大象和蟬光是體積就天差地別，但是兩頭大象加上一頭大象；兩隻蟬加上一隻蟬，都能簡單地用2+1=3來表示。只要能理解這樣的算式表現，就證明你已經懂得數學的抽象化了。

相反的，若不加以抽象化的話，二加一的算式就必須將大象、蟬、西瓜、蘋果等全都分開來看。但是我們並不將它們一一分開思考，而是簡單地用加法2+1=3來理解；這就是將現實問題用數學去思考的行為。因此，數學思維也包含了抽象化。

讓我們透過日常生活的問題，來了解更多數學思考的例子吧。近年，使用指紋的金鑰和利用電腦的指紋辨識系統等，各種資安手段陸續被研究並開發。這是因為每個人的指紋都不一樣，而且是永恆不變的，因此光是憑指紋就能辨識出那是誰的。

指紋是由指頭皮膚上的凹凸皺褶所形成，凸起的線條上布滿汗腺孔，會分泌汗水和油脂，而且從出生起就一生不變，即使受傷痊癒後也會復元。正因為連同卵雙胞胎的指紋也不一樣這種特性，所以「採指紋」就成了犯罪搜查最基本的方法。指紋最原始的功用就是為了完善手指的機能，指頭上的微小曲線能強化摩擦力，使我們在抓取東西時不會滑動，也讓觸覺更為敏銳，並能吸收一部分手指受到的衝擊。正因為發現到每個人都不同的特殊性和現實需

要，而使指紋的功用擴大到犯罪搜查上。

假設想透過在某個犯罪現場發現的嫌疑人指紋確認「他」是誰，但若以全國人口為對象進行調查的話，必須耗費龐大的時間和努力，可能還沒搜尋到，犯人就已逃之夭夭。因此必須更精確、簡單又快速地確認指紋才行。這時候，將人們的指紋圖樣和手指順序賦予一定的數字並帶入演算式，就能定出指紋的分類數值。

指紋根據其紋路和形態，可分成「弧形紋」（平弧紋Arch，縮寫A、帳形紋Tented Arch，縮寫T）「箕形紋」（正箕形紋Ulnar Loop，縮寫U、反箕形紋Radial Loop，縮寫R），以及紋路為圓形或橢圓形的「斗形紋」（純斗形紋Whorl，縮寫W、囊形紋Central Pocket Loop，縮寫C、雙箕形紋Double Loop，縮寫D、雜形紋Accidental Loop，縮寫X）。

指紋的形態中，弧形紋占全體5％、箕形紋占65％、斗形紋占30％。同時，再依據紋線的特徵，如相對線、雙叉線、三叉線、點、眼形線、橋架線和勾形線進行細分。

現在搜查機關應用於犯罪搜查的指紋分類系統，是基於1800年代在孟加拉負責警務的英國人愛德華・亨利（Edward Henry）所開發的分類法，稱作亨利系統。他為了以指紋識別人而設計出的方法，基本上使用兩種方法整理歸納資料。

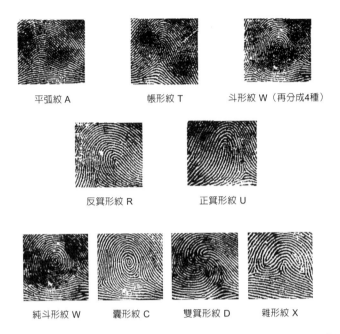

平弧紋 A　　　　　帳形紋 T　　　　　斗形紋 W（再分成4種）

反箕形紋 R　　　　　正箕形紋 U

純斗形紋 W　　　囊形紋 C　　　雙箕形紋 D　　　雜形紋 X

資料來源：《Math Power》1996

　　首先，根據指紋的種類，依下方規則轉換爲數字並分類。

　　　　斗形紋＝1、弧形紋＝0、箕形紋＝0。

M=(右手食指)×16＋(右手無名指)×8＋(左手拇指)×4＋(左手中指)×2＋(左手小指)×1＋1

N=(右手拇指)×16＋(右手中指)×8＋(右手小指)×4＋(左手食指)×2＋(左手無名指)×1＋1

　　此時，$\dfrac{M}{N}$ 是指紋的第一個編號。

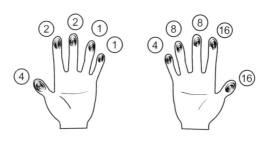

　舉例，某位犯人的右手拇指、右手小指還有左手拇指的指紋是斗形紋，其他手指的指紋為弧形或箕形紋的話，就會得出下列算式：

$$M=(0)\times 16+(0)\times 8+(1)\times 4+(0)\times 2+(0)\times 1+1=5$$
$$N=(1)\times 16+(0)\times 8+(1)\times 4+(0)\times 2+(0)\times 1+1=21$$

　據此，這名犯人的初步分析得出指紋編號是$\frac{5}{21}$。若依據亨利的分析法，這樣的初步分類編號有1,024種；以韓國約5000萬的人口來說，即有$2^{10}=1,024$種類別。

　第二階段是以$\frac{(右手拇指)}{(左手食指)}$寫下記號的分類法。例如，若犯人的右手拇指是帳形紋T、左手食指是平弧紋A，經過初步和二次分類得到的犯人指紋編號為$\frac{5T}{21A}$。只要利用此方法，則不用調查5,000萬人的指紋，而只需調查和事件現場發現的指紋同分類的人們，就能準確且快速地知道犯人是誰。指紋分類只是將日常問題藉由特定分類系統數學化的其中一個例子。

圖書館用來分類書籍的原理也相同。圖書館的各個書櫃中，前面的數字相近的書籍多集中在一起。最前面的數字是將地球上的所有資料，分爲從0到9十種「大分類」的數字。這種方式稱爲「十進分類法」，意思是像前面大分類爲十種一樣，細部分類也再以十個數字分類。舉例來看，書籍分類如下：

編號	韓國十進分類法	藝術	
000	總類	600	藝術
100	哲學	610	建築學
200	宗教	620	雕刻
300	社會學	630	工藝、裝飾美術
400	自然科學	640	書法
500	技術科學	650	繪畫、圖畫
600	藝術	660	攝影
700	語言	670	音樂
800	文學	680	劇場藝術
900	歷史	690	娛樂、運動

　　郵遞區號也是依以下方法進行分類。

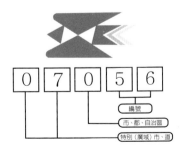

像這樣，數學思維可說是將複雜又困難的問題壓縮的過程；所以隨著數學越發達，說明會漸漸消失，記號則會變多。

在今日，據估每年都會新發現約30萬項以上的數學理論。數學理論在人類發展中扮演著重要的角色，因此必須繼續發展並流傳給後代。為此，數學家們必須簡明扼要地表示數學內容才行。各位也同樣需要靠數學壓縮問題體積的思維。你問為什麼？那就讓我們來比較看看沒壓縮和經過壓縮的問題吧。

來看看12世紀左右，印度數學家婆十迦羅（Bhaskara）匯編了優美詩句所寫成的數學論文《Lilavati》中所收錄的詩吧。

美麗的小姐！
向我展現如妳香氣般美好的智慧吧。
花田中有一群蜜蜂
蜂群的5分之1飛向木蓮花
3分之1飛往喇叭花
兩者之差的3倍的蜜蜂們朝著夾竹桃飛。
剩下的1隻蜜蜂在七葉蘭的花香和
茉莉花香間徬徨著
像是催促著兩名戀人開口的

男子的孤獨般在虛空中徘徊。

告訴我花田中有幾隻蜜蜂吧。

讓我們用現在的數學符號，來試著解看看這個問題如何呢？若將「蜜蜂數」設為「x」，則詩可以表示成 $x - \dfrac{x}{5} - \dfrac{x}{3} - 3\left(\dfrac{x}{3} - \dfrac{x}{5}\right) = 1$。將算式的兩邊乘以3和5的最小公倍數15並稍做整理的話，就能以下方的一次方程式表示：

$$15x - 8x - 6x = 15$$

因為此方程式的解為 $x=15$，所以蜜蜂共有15隻。是不是的確因為壓縮了體積，讓複雜的問題能簡單解決了呢？今日我們想解決的大部分問題，都不過是像這樣要將體積壓縮的問題。為了得到複雜問題的解答，需要像這樣用簡化的算式做計算的思維。只要能好好理解數學，複雜又無聊的多項式，也能蛻變成簡潔又美麗的型態。

07

防彈少年團
也利用的元宇宙

點陣圖和波形音訊

　　我們現在正活在「元宇宙」時代。元宇宙是能透過以人的樣子爲形象的「虛擬化身」進行和現實相同的社會、經濟、教育、文化、科學技術等活動的三次元空間平臺。在現實和虛擬結合世界的元宇宙中，虛擬化身之間彼此互動並活動。事實上，在2020年的美國總統選舉中，候選人拜登就曾在任天堂的《動物森友會》遊戲中進行了競選活動；在那裡，選民們戴著虛擬實境眼鏡，參與了競選演說。

　　韓國的音樂團體防彈少年團在線上遊戲《要塞英雄》中仿如實際現場演唱般發表了新歌單曲〈Dynamite〉；受到新冠疫情的影響，部分大學的入學典禮也在元宇宙的環境

中進行。

　美國的非營利研究機構加速研究基金會（ASF）在2007年
發表的「元宇宙藍圖」中，提出了元宇宙的四種情境：擴
增實境（Augmented Reality）、生活紀錄（Life Logging）、鏡像世界
（Mirror Worlds）和虛擬世界（Virtual Worlds）。

　擴增實境是指將三次元的虛擬事物和現實重合並具現化
的技術，最具代表性的有大為流行的《寶可夢GO》。生
活紀錄是指能將事物和人的經驗及資訊進行擷取、儲存或
描寫的技術；在日常生活中的部落格、Instagram、抖音等
上傳照片或是短片都算是生活紀錄。虛擬世界是指和現實
世界類似的擬真世界，或是呈現和現實完全不同的代替方
案的世界，並完全由數位數據構成；最具代表性的有《機
器磚塊》和《ZEPETO》。

擴增實境是使三次元的
虛擬事物看起來和現實
重合的技術，透過數位
機器具現。

不只是遊戲、社群，元宇宙也能活用在教育、醫療等所有產業。為此，需要多樣的元宇宙平臺開發、支援元宇宙的頭戴顯示器等沉浸式體驗裝備、互動處理技術和分析與共有經驗的技術、傳輸大規模資料用的高性能有線／無線網路技術等。還必須控管網路賭博、詐騙、虛擬貨幣現金化帶來的違法交易等在元宇宙中發生的非法活動和違反法律秩序的行為。

像這樣，和元宇宙相關的技術和事業雖有許多待改善的部分；但因為能活用在各個領域，元宇宙仍被評價為是能引領未來的技術。那麼，就讓我們從數學的觀點來看看這樣的元宇宙吧。

因為元宇宙使用虛擬化身，因此讓電腦能理解並處理畫面和聲音的技術極為重要。此外，元宇宙中的畫面和聲音若是精細並自然，虛擬化身行動和說話的真實感就更能提高。既然這樣，那讓我們試著來了解看看，在元宇宙中，畫面或聲音是依什麼原理進行處理的吧。

在智慧型手機或數位相機的廣告中，應該至少聽過一次「1,600萬畫素」這樣的詞語吧。畫素是構成畫面的一個小元素，也稱為「像素」。

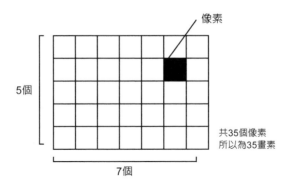

像素

5個

共35個像素
所以為35畫素

7個

　用來表示畫面細緻程度的解析度，一般是以長和寬各為1英寸的正方形內所含的畫素個數來做表示。將畫面用數位訊號表示的方法，可概分為使用畫素和向量兩種。其中，使用畫素成像的方式為「點陣圖」方式。

　點陣圖方式是在叫作「畫素」的點上塗上各種顏色以完成畫面。根據構成畫面所使用的畫素有幾個、在各個畫素上塗什麼顏色等，即能製造出繽紛鮮明的畫面。

　若是把點陣圖成像的畫面放大，邊緣部分看起來會像階梯一樣不平滑；也就是說，在畫面中，垂直線和水平線看起來不會呈階梯狀，但斜線看起來會呈階梯狀，如下頁圖所示。

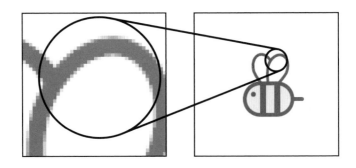

　　使用點陣圖方式表示畫面時，有上色的像素填入數字1，沒上色的像素則是填入數字0。像這樣將畫面用點陣圖方式表示的話，畫面就能轉換成數位訊號。

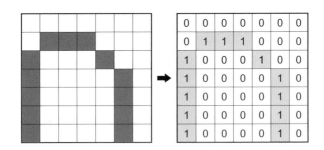

　　和點陣圖方式不同，用線或是圖形成像的方式叫作「向量」方式。向量方式是透過好幾道繪製線條或圖形的指令來表示一個畫面。

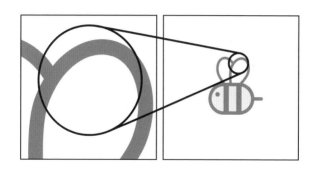

　用向量方式表示畫面時，因為能調整圖形的尺寸值，所以就算將畫面放大，看起來也不會有所不同。但要是畫面很大或複雜，就需要很多線條或圖形，並得隨之使用多道指令；因此，向量方式不適合用來表現在現實生活中發生的複雜情況或精細的畫面。

　還記得前面說過，因為元宇宙使用虛擬化身，所以聲音很重要嗎？現在，讓我們來試著了解用數位訊號表示聲音的方式吧。將聲音用數位訊號表示的方式有「波形音訊」方式和「音樂數位介面」方式。

　波形音訊方式是將聲音的波形用數位訊號表示的方式。聲音是透過空氣的振動傳導，所以只要發出聲音，就會產生振動；就是要將這個振動的模樣轉換成數位訊號。波形音訊方式是歌手或樂手在錄音製作CD時使用的方式。將聲音用波形音訊方式數位化的過程如下。

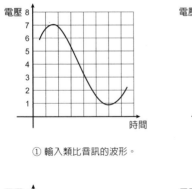

① 輸入類比音訊的波形。

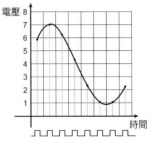

② 取樣：依一定的時間間隔，取類比訊號的值。

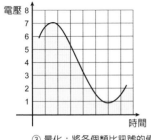

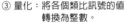

③ 量化：將各個類比訊號的值轉換為整數。

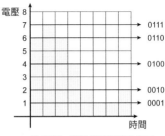

④ 編碼：將各個整數轉換為二進位數字。

上方圖片中出現的聲音為6、7、6、4、2、1、1、2，因6=0110(2)、7=0111(2)、4=0100(2)、2=0010(2)、1=0001(2)，若將聲音轉換為數位訊號，則會得到以下結果。

0110, 0111, 0110, 0100, 0010, 0001, 0001, 0010

意即電腦可以透過位元字串理解所輸入的聲音。也因此，波形音訊方式中，取樣聲音波形的間隔越短，越接近原音；間隔越長，則和原音出入越大。

音樂數位介面方式是先將音的高低、強弱、長短、時間、拍子等編碼後，再將代碼進行組合以表示聲音的方式。因此，音樂數位介面方式須透過數位樂器或電腦軟體等來進行編碼。

若用波形音訊方式表現實際演奏的聲音，會比音樂數位介面方式來得自然，但因為是將聲音數位化儲存，比起用代碼組合聲音的音樂數位介面方式，檔案的體積較大。

「音」的數學分類，早在很久以前就有人實行過了；那個人正是畢達哥拉斯。他為了讓人們能輕易演奏並欣賞音樂，而設立了音樂系統，即是我們所知的「畢氏音程」的「Do、Re、Mi、Fa、Sol、La、Ti、Do」8個音的音階。

畢達哥拉斯很看重音樂的價值；他認為音樂和數學一樣能使人們看到自然的構造，淨化身心，並使我們的肉體和靈魂維持完好。畢達哥拉斯絞盡腦汁，思考為了讓音樂能被理性判斷，該怎麼將其系統化，又該如何製作能發出精準音色的樂器。

某天，當畢達哥拉斯一邊走著，一邊思索這個問題時，他偶然經過了鐵鋪，並聽見了鐵匠用鎚子敲打著熱鐵塊的聲音。他靠優秀的聽力發現鎚子所發出的聲音是完全4度和完全5度；他也發現了鎚子的重量是造成音程差異的原因。

畢達哥拉斯在桌上立了一塊窄板，把6條相同長度的繩子固定在桌子邊緣，並在那些繩子的另一端各自吊上從鐵鋪探知、與鎚子重量相同的4磅、6磅、8磅、9磅、12磅、16磅的鎚子。

首先，他發現，當他撥動吊有比例為1:2的6磅鎚子和12磅鎚子的繩子時，鎚子較輕的6磅繩子發出的聲音若是「低音的Do」，12磅繩子則會是「高音的Do」，兩者有8度的音高差。他利用6和12的算術平均數 $\frac{6+12}{2}=9$，發現他若撥動吊有6磅和9磅鎚子的繩子，會是完全5度的「Do」和「Sol」。並且由於6和9的比例為2:3，撥動吊有8磅鎚子和12磅鎚子的繩子時，會是「Fa」和「高音的Do」，同樣是完全5度。

因為6和12的調和平均數為 $\frac{2\times6\times12}{6+12}=8$，畢達哥拉斯用8磅鎚子進行了相同的實驗。沒想到，他發現撥動吊有6磅和8磅鎚子的繩子時，會是完全4度。同樣地，吊有9磅和12磅鎚子，也是完全4度；兩者的比例皆是3:4。

畢達哥拉斯發現了大部分聽起來好聽的音程比例，皆是由數字1、2、3、4而來的事實。若實際將能製造出好聽音程的比例再次整理的話，結果如下：

6:8=3:4, 6:9=2:3, 6:12=1:2, 8:12=2:3,
9:12=3:4

畢達哥拉斯根據「依比例吊上錘子並撥動繩子會發出和諧聲音」為發想，製作了樂器。這項樂器藉由增加了可以將弦拴緊的弦紐，使其達到和吊上錘子時相同的緊繃狀態。畢達哥拉斯將這個樂器命名為「音樂弓」（術語為單弦琴），意思是「將弦拉開的樂器」，也說它是「神聖的單弦琴」。這是數學的語言轉換成音樂的大事件。

08

天才數學家的思考

連結與構造

　　1998年獲頒奧斯卡多項大獎的電影《心靈捕手》，描述一名天賦異稟卻得不到機會發揮的學生，和一心想幫助這名學生一展長才的教授之間的故事。這部電影中登場的數學教授是菲爾茲獎的得獎者，身為其友人的心理學教授在課堂上這麼和學生說：

　　「菲爾茲獎，那可是很了不起的獎。」

　　究竟這個被稱作數學界諾貝爾獎的菲爾茲獎有多麼了不起？說起表彰全世界最優秀人才的獎項，大概就是諾貝爾獎了，但提名的項目中並沒有數學，於是就有了菲爾茲

獎。這個獎對數學家來說，比獲得諾貝爾獎更具價值和與有榮焉。

菲爾茲獎的正式名稱是「國際傑出數學發現獎」，這個獎是在加拿大的數學家約翰・查爾斯・菲爾茲（John C. Fields）的努力下誕生的。1924年，他在主辦加拿大多倫多國際數學家大會時，找齊了此獎的贊助商。一直以來，國際數學家大會都是每4年舉辦一次，除了兩次世界大戰和持續至1980年代後半的冷戰時期外，不曾中斷過。

此大會首次召開的地點是瑞士的蘇黎世，第二次是1900年在法國巴黎。2010年在印度海得拉巴，2014年在韓國首爾舉辦，2018年在巴西里約熱內盧，2022年原定於俄羅斯舉辦，但因烏俄戰爭，而臨時改在芬蘭的赫爾辛基召開。

此大會聞名的理由有兩個。第一個是1900年在會議中所發表的「希爾伯特的23個數學問題」；第二個理由，正是大會所頒發的「菲爾茲獎」。菲爾茲獎的得獎者會獲得刻有阿基米德的獎牌。

菲爾茲獎獎牌上刻著數學家阿基米德的頭像

獎牌是加拿大醫師兼雕刻家R‧泰特‧麥肯齊（R. Tait McKenzie）於1933年所設計的。

若仔細看，獎牌正面有一排繞著阿基米德的文字：「超越自我，掌握世界」，阿基米德後腦的位置則刻有獎牌設計年分「1933年」的羅馬數字。據說原本是要刻表示1933的羅馬數字MCMXXXIII，但誤將意指900的CM刻為CN，而成了MCNXXXIII。

此外，在獎牌的背面則刻有「聚集自全球的數學家，為傑出成就特頒此獎」的字樣和畫有代表「阿基米德墳墓」的墓碑上所刻的圓柱、圓球、圓錐圖形。三個立體圖形的體積比為圓錐：圓球：圓柱＝1：2：3，這普遍被認為是阿基米德引以為傲的發現。另外，獎牌薄窄的側面會刻上得獎者的名字。

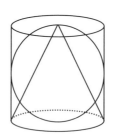

最早設立此獎項的菲爾茲在他的記事本中寫下了以下的文字：

雖是表彰已經完成的成就，但此獎不僅能鼓勵獲獎人在該領域有更傑出的成績，也能激發其他新的領域。

此獎項是頒發給40歲之前即達成傑出成就，或是預定在不遠的將來能達成的人。菲爾茲獎比諾貝爾獎更稀有也更珍貴的理由，是因為4年頒發一次，且獲獎人有年齡限制：必須是未滿40歲的「年輕」數學家。菲爾茲獎會設定40歲以下的資格條件，自然有其原因。

比起其他科學領域，數學家更重視「年輕」的原因，大概是因為數學天賦普遍在15歲前後萌芽。舉例來說，過去有不少像早逝的天才埃瓦里斯特・伽羅瓦（Évariste Galois）一樣，很年輕就展現數學天分，比如1954年27歲獲頒菲爾茲獎的讓－皮埃爾・塞爾（Jean-Pierre Serre），還有1989年榮獲京都獎、出生烏克蘭的猶太裔數學家蓋爾范德（Israïl Moiseevich Gelfand）等。對於「年輕」這件事，蓋爾范德還說過這番話：

「我深信，大多數未來數學家的才能會顯現在13到16歲時，我也是在這段時期形成了研究數學的風格。我學

習了不同的科目，但這段時期扎根的數學藝術形式成為我選擇問題的品味基礎……」

2014年，在首爾舉辦的國際數學大會多了一項劃時代的意義，瑪麗安‧米爾札哈尼（Maryam Mirzākhāni）成為首位女性獲獎者，但她本人卻無福消受獲獎的喜悅。

米爾札哈尼出生於伊朗，在1994年的國際數學奧林匹亞獲得金牌。她在1999年取得謝里夫理工大學的數學學士後前往美國，2004年取得哈佛大學博士學位。在待過克雷數學研究所和普林斯頓大學後，於2008年起擔任史丹佛大學數學系教授。令人遺憾的是，她在2014年被選為菲爾茲獎得獎者時，已確知罹患乳癌。儘管拖著病體前赴韓國領獎後，就立刻返回美國接受治療，卻仍不幸於2017年7月14日因乳癌去世。

至2022年為止，菲爾茲獎的頒獎地點、獲獎者、成就列表如下（詳細可參考IMU國際數學聯合會）：

頒獎地點（年度）	獲獎者	成就／獲獎原因
挪威（1936）	拉爾斯·瓦萊里安·阿爾福斯	對亞純函數和黎曼曲面的研究
	傑西·道格拉斯	普拉托問題的相關成就
美國（1950）	羅朗·施瓦爾茲	廣義函數（分布）論
	阿特勒·塞爾伯格	普拉托問題的相關成就
荷蘭（1954）	小平邦彥	質數定理的初等證明
	讓－皮埃爾·塞爾	透過勒雷－塞爾譜序列計算n次元球面的同倫群；代數凝聚層、代數幾何與解析幾何的相關成就
英國（1958）	克勞斯·費里德里希·羅斯	代數數有理逼近的瑟厄－西格爾－羅斯定理的相關成就
	勒內·托姆	配邊理論的相關成就
美國（1986）	西蒙·唐納森	使用瞬子發現4次元的歐幾里得空間中怪異的微分結構
	格爾德·法爾廷斯	莫德爾猜想的證明；讓莫德爾猜想不再是猜想而是「法爾廷斯定理」
	麥可·哈特利·弗里德曼	證明了4次元的拓撲流形的龐加萊猜想
日本（1990）	弗拉基米爾·德林費爾德	量子群的相關成就
	沃恩·瓊斯	馮諾依曼代數、紐結多項式、共形場論、瓊斯多項式
	森重文	3次元代數多樣體最早的模型；2014年就任國際數學聯合會總裁
	愛德華·維滕	提出簡單證明正能量定理的方法
瑞士（1994）	葉菲姆·澤爾曼諾夫	解決了有限的伯恩賽問題
	皮埃爾－路易·利翁	非線性偏微分方程式的相關成就
	讓·布爾甘	巴拿赫空間幾何、遍歷理論等的相關成就
	讓－克里斯托夫·約克茲	對動態系統的貢獻
韓國（2014）	阿圖爾·阿維拉	對動力系統有根本貢獻，以重整化作為統一性原理，改變了整個領域的風貌
	曼久爾·巴爾加瓦	發展數幾何（geometry of numbers）中威力強大的新方法，應用於小秩環的計數，並估計橢圓曲線平均秩的上界
	馬丁·海雷爾	對隨機偏微分方程貢獻卓著，創造了這類方程的正則結構理論
	瑪麗安 米爾札哈尼	首位女性獲獎者，也是首位伊斯蘭國家出身的獲獎者；對模空間的解釋重新證明了「韋頓猜想」

巴西 （2018）	阿萊西奧·菲加利	對最優運輸理論 (theory of optimal transportation) 的貢獻，以及該理論在偏微分方程、度量幾何及概率理論上之應用
	彼得·舒爾策	透過引入狀似完備空間 (perfectoid spaces)，改變了p進數域 (p-adic fields) 上的算術代數幾何，以及發展出新的同調論 (cohomology theories)
	考切爾·比爾卡爾	證明了BAB猜想，（確立法諾簇 (Fano variety) 的有界性和最小模型程序 (minimal model program) 的貢獻
	阿克沙伊·文卡泰什	11及12歲時分別獲得國際物理奧林匹克及國際數學奧林匹克獎牌（均為銅牌）。因對解析數論、同質動力學 (homogeneous dynamics)、拓撲學及表示論 (representation theory) 的綜合貢獻獲獎
芬蘭 （2022）	許埈珥	將霍奇理論 (Hodge Theory) 的想法引入組合學，證明了幾何絡 (geometric lattice) 的道林-威爾森猜想 (Dowling-Wilson conjecture)、擬陣 (matroid) 的希倫-羅塔-威爾斯猜想 (Heron-Rota-Welsh conjecture)、發展羅倫茲多項式理論 (theory of Lorentzian polonomials) 和證明強梅森猜想 (strong Mason conjecture)
	馬林娜·維亞佐夫斯卡	第二位女性獲獎者。因證明了E_8晶格 (lattice) 就是8次元空間中等大小球體最密堆積問題的解，並對傅立葉分析中的相關極值問題和插值問題有更深遠的貢獻而獲獎
	雨果·迪米尼-科潘	解決了在統計物理學裡，尤其是3次元和4次元，相變機率理論中長期存在的問題
	詹姆斯·梅納德	對解析數論的貢獻，導致對質數的結構和丟番圖近似 (Diophantine approximation) 的理解取得重大的進展

　　2022年獲獎的許埈珥是韓國首位得此殊榮的人。他在首爾大學取得數學碩士學位，之後取得美國密西根大學博士學位，目前任教於普林斯頓大學。

　　數學家們多以猜想的形式提出「難題」，而大部分的數學家一生想解決一個難題都很困難，但許埈珥竟然證明並

解決了11道難題。許埈珥的研究領域「組合代數幾何學」（Combinatorial Algebraic Geometry），是結合了組合數學和代數幾何學兩個領域的較新領域。

「組合數學」簡單來說，就是我們在國、高中所學、要找出有幾種情況的數學領域。事實上，組合數學主要關心的問題大致有「特定規則的排列是否存在？」「若存在，共有幾種？」「什麼是最佳排列？」「排列構造為何？」這四個問題。尤其將各個排列規則彼此間的關係用圖表示的「圖論」（Graph theory），是計算機工程學和谷歌等網路搜索技術的基礎核心。

「代數幾何學」簡單來說，是處理「圖形」的數學領域。將圖形的幾何對象，利用多項式或方程式等代數性質來處理；舉例來說，不是用圖形，而是用有如平面坐標上 $x^2+y^2=r^2$ 一樣的方程式來處理圓形。

許埈珥在就讀博士期間所解決的難題「里德猜想」和代數組合學，可以用組合數學的經典問題「四色定理」來探討。四色定理是將平面分為有限的幾個區域，並將各區域著色時，若相鄰的區域要塗上不同顏色，則只需要不多於四種顏色的定理。此定理是以地圖上相鄰的地區要塗上不同顏色為發想而誕生的。

舉個有關四色定理的簡單例子。如下圖，畫有四個國家國境界線的地圖中，相鄰的國家分別被塗上不同顏色。

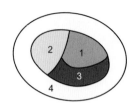

　最少要幾個顏色才能將此地圖上的國家都塗上顏色呢？
前提是，相鄰的國家之間必須使用不同的顏色。為了解決
這個問題，我們不可能總是畫地圖。在此地圖中，若將各
國看作「點」，國家間相鄰的線看做連接點的「線」，則
可如下圖般以點和線組成的圖像來表示。

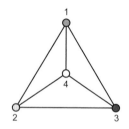

　像這樣由頂點和邊所組成的圖形稱為「圖」（graph）。這
麼一來，地圖的著色問題就變成為此圖中的頂點著色的問
題；意即要為圖中的頂點著色，且相連結的頂點必須塗上
不同顏色。如從圖形中可以看出的，最少要有四種不同的
顏色，才能將圖中相連的頂點各自塗上不同顏色。

　1850年，數學家法蘭西斯・古德里（Francis Guthrie）提出
「任一平面圖都能只用四種顏色著色嗎？」的問題。

一般而言，若將圖G的頂點用x種以下的顏色塗色的方法數為$P(G, x)$，則$P(G, x)$就會是x的多項式；這個多項式稱為「圖G的著色多項式」。舉例來說，假設我們使用x種顏色為上圖中的頂點著色，則頂點1可能的著色方法數是x，而頂點2是$x - 1$、頂點3是$x - 2$、頂點4則是$x - 3$；即，頂點與頂點間若有相連的邊，則因為不能使用相同顏色而可能的著色方法數會逐一減少。

因此著色多項式為$P(G, x)=x(x - 1)(x - 2)(x - 3)$。此時，如果使用三種顏色，則$x = 3$而$P(G, 3)=0$；即，用三種顏色著色的方法數為0。若$x = 4$，則$P(G, 4) = 4 \times 3 \times 2 \times 1 = 24$；即，用四種顏色將頂點分別塗上不同色的方法數共有24種。值得注意的是，因為只要帶入比4小的自然數，此多項式的值皆為0；因此，至少需要四種顏色。

另外，儘管圖的樣子看似單純，但著色多項式可絕不簡單。讓我們用下方圖形為例子來想看看吧。為了得出此圖的著色多項式和著色方法數，若將情況分成兩種去想，則會得到以下結果。

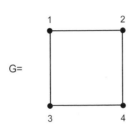

以將頂點2、3塗上同一顏色的情況來說，頂點1的著色方法數為x，接著頂點2、3的著色方法數為$x-1$，最後頂點4的著色方法數為$x-1$。

以將頂點2、3分別塗上不同顏色的情況來說，頂點1的著色方法數為x，頂點2、3的著色方法數為$(x-1)(x-2)$，最後頂點4的著色方法數為$x-2$。從上面兩種情況可得出著色多項式為$P(G, x) = x(x-1)^3 + x(x-1)(x-2)^2$。

又，因$P(G, x) \neq 0$時x的最小值為2，所以上圖用兩種不同的顏色著色即可，並且對應的方法數因$P(G, 2) = 2(2-1)^3 + 2(2-1)(2-2)^2 = 2$而為兩種。

許埃珥尤其關注著色多項式的性質和其係數的增減趨勢。舉例來說，若將前面的著色多項式展開，則因$P(G, x) = x(x-1)^3 + x(x-1)(x-2)^2 = 2x^4 - 8x^3 + 5x^2 + 3x$，此著色多項式的係數依序為2、-8、5、3。

許埃珥透過推論這些係數的對數值傾向，解決了「里德猜想」和「羅塔猜想」等數個難題。尤其他的研究內容與將連結性和獨立性用數學方式構造化的圖的性質有關；從能將分開的各點間的連結構造化並用數學方式表示的層面看來，可預期能被應用在各種技術上。

由於現代的許多技術都和通訊、網路和複雜系統等相連結，因此許埃珥對於「連結」和「構造」的研究，對現代社會意義重大。尤其，因為現在活用在電腦運算、人工智

慧、大數據等的演算法，皆爲組合數學的代表應用領域，因此許埈珥的研究結果將有可能大幅影響這類領域的發展。舉例來說，若將每一位網路使用者視爲一個頂點，並將他們連結的樣子以圖表示的話，就能夠用圖來分析網路的連結性。

　　許埈珥的研究成果不僅和資訊通訊，更與半導體設計、交通、物流、統計物理學等各式領域有密切關聯，並可預期會產生很廣泛的漣漪效應；既可活用在搜尋程式的優化、提升大數據和高速演算的效率、需假設無數情況和無數突發變數之「超複雜系統」的開發或天氣預報的準確性提升等，有著無窮無盡的可能性。特別是透過活用證明「里德猜想」等的成果，能大幅提升AI機器人的學習效率。

　　人工智慧所需的數據變數會以點的型態出現，但以往必須在人工智慧神經網的設計階段，以人工親自畫線連結各點才行。然而，只要應用許埈珥的數學理論，用數學算式表示將點連結或分離，並依數學原理實行，人工智慧就能進行更有效率的學習。因此，許埈珥的成果有望從根本突破現在人工智慧所面臨的界限，成爲飛躍發展的起點。甚至有專家評論，許埈珥的研究成果將會對未來100年間IT和AI領域的發展帶來極大影響。

09

像高斯一樣
進行邏輯思考

思考的路線

　　很多人都認為數學是很難的科目。其實數學只要靠邏輯思考就能簡單得出答案，但覺得數學困難的人，多半真正討厭的是「邏輯思考」。若凡事不管三七二十一就喊難，那麼這世界上的一切就都無法獲得解決了。讓我們用一個簡單又富數學概念的例子來看看什麼是有邏輯的思考方法吧。

　　若要將一塊正方體的豆腐切成27個大小和形狀皆相同的小正方體，請問「最少需要切幾刀？」
　　那要怎麼回答呢？

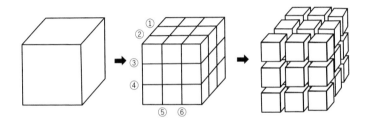

只要稍微想一想，就能輕易知道答案是6次。

但，要是問起「為什麼最少要6刀呢？」

這個問題就不再單純是有趣的謎題，而是數學問題了。

　　維持相同形狀與大小進行切割時，豆腐中央生成的正方體狀的小塊豆腐有6個面，但它的每1面和切割前正方體外壁的任何一側都不共面；即，中間小正方體的各個面都必須用刀切割才會生成。因此能切出小正方體6個面的下刀次數正是6次。

　　讓我們來看一個關於邏輯思考方法的有趣小故事吧。

　　某座村莊裡住著一位貧窮的農夫，他有個相依為命的漂亮女兒。由於連年乾旱導致耕作收成慘澹，農夫為了生活，不得不向村裡的富人借款，好不容易撐過一年。沒想到，第二年情況並未改善，農作物仍然歉收，農夫只得再去找那位富人借錢，但富人卻因為前債未還而不肯再借。在農夫不斷拜託下，富人於是提議和他打賭，

要是農夫贏了，債務就一筆勾消；相反的，要是農夫輸了，他的漂亮女兒就必須抵押給富人。走投無路下，農夫只好跟富人對賭。富人提議的打賭內容如下：

「這裡各有一顆黑石頭和白石頭。把它們放進袋子裡，然後請你的女兒拿出一顆。要是你女兒拿出的是白石頭，那麼去年借的錢不僅不用還，我今年還可以再借你；但要是你女兒拿出的是黑石頭，你必須馬上還錢，而且，你美麗的女兒要送給我當僕人。」

這名心懷不軌的富人，趁農夫沒注意時，偷偷地把兩顆黑石頭放進袋子裡。但就算是這樣，農夫的女兒還是贏了賭注。她是怎麼辦到的呢？農夫聰明的女兒這麼說：

「要把手伸進袋子裡我會害怕，我就從外面選一個吧。」

農夫女兒從袋子外面抓住一顆石頭，然後快速地把袋口往下反轉，於是一顆黑石頭就從袋子裡掉了出來。農夫女兒見狀就說：「因為是黑石頭掉到地上，所以我選的肯定是白石頭囉。」

富人便因為農夫聰明女兒的機智回答，不僅拿不回前次借款，還要再多給一筆，實在是偷雞不著蝕把米。

數學就是這麼單純好懂。但因為我們從小就接受比起理解和邏輯思考，更強調記憶和熟背的填鴨式教育，導致任

何問題都想透過「背公式」來解決。大部分覺得數學很難的人，正是因爲使用了這種方法。若想學好數學，你需要培養邏輯思考的理解能力，而不是死記硬背。

爲了培養數學的邏輯能力，就需要「思考的線路」，這是將理解單一部分的過程，連結至其餘部分以達到更進一步理解的過程。我們學習數學的眾多理由之一，正是爲了擁有能找出相連結思路的智慧。

必須學數學的另一個理由，是爲了培養「理性看待世界的能力」。被我們視爲理所當然的世上所有事物，都藏有不變的某種規則。我們爲了培養出能用邏輯或理論適當說明這些規則的能力而學習數學。當然，除了數學外的自然科學或人文、社會科學也能找出這類規則並做合理說明，但無法像數學一樣準確表示；因爲其他領域多少含有一些主觀想法，但數學只承認誰也無法不認同、完全客觀的事實。

若無法好好理解世界上隱藏的規則，人類可能會毫無發展。從很久以前開始，只要有文明發展的地方，就有以數學思維觀察自然或現實生活的想法萌生；我們透過數學思考一步步理解世界的邏輯。而所謂的數學思考，指的是找出某個問題答案的邏輯過程。再舉個例子：

這是擁有「數學王子」暱稱，和阿基米德、牛頓同獲推崇爲三大數學家中的德國數學家高斯10歲時發生的事。

高斯的老師為了偷閒，出了一道很難的數學問題給學生，即從1加到100。其他學生用1加2等於3，然後再加3等於6，然後再加4等於10……的方式計算了很久；但高斯卻不一樣，他很早就寫下5,050，然後雙手抱胸坐在位子上不動。在看到答案的瞬間，老師就察覺到高斯的天賦。高斯是如何快速解答的呢？

高斯發現老師提出的問題中藏有一定規則；換句話說，他並沒有和其他學生一樣從1開始按順序相加，而是發現了將1和最後的數字100相加後得101、2和99相加也得101、3和98相加也是101……的事實。若照這樣加下去，共會有50個101，所以高斯得出1加到100的總和是 50 × 101 = 5,050 這個非常簡單的正確答案。

高斯活用了用來推導求任意等差數列和公式時使用的「等差數列的對稱性」，解決了這個問題。

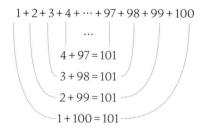

高斯運用了**有數學邏輯、合理的方式思考**。尤其，在數學中很需要經過一一了解的過程，並將其連結至其餘部分以達到理解的思考線路。**我們學數學的理由正是為了擁有能找出像這樣相連結的思路的智慧。**

每個人都能用數學思維去思索世上的事，並找到思考的線路。現實生活中，因著需要而出現的數學，有如絲繩般將我們複雜的想法綁成一束的功用，並扮演著使生活能安立於有結構的框架中的角色。

因此，不單純是要學習數學，而是要**透過用數學思維觀察並解析事物的現象，來培養合理且有邏輯條理地解決現實生活中各種問題的能力。**

畢達哥拉斯弟子必須通過的考驗

　　追隨傑出學者畢達哥拉斯的人不少，其中，為了上他的課而進行集會的社群叫作「共修院」。畢達哥拉斯認為，每個人各有不同的才能，自然不會所有人都適用同一種學習方法。因此，畢達哥拉斯根據資質和實力，將人們分為數種類別，再以適合該類別的方法進行教學。

　　崇尚畢達哥拉斯的人們在過去被稱為「畢達哥拉斯的追隨者」或是「畢達哥拉斯主義者」。雖然現今這些人被稱為「畢達哥拉斯學派」，但在當時，這樣的分類並沒有太大意義，接受了多少畢達哥拉斯的哲學和教學，以及如何學以致用才是重點。

　　畢達哥拉斯會仔細觀察追隨者的行動和思考，還得通過

他的智慧考驗後，才會收入門下。想成為他弟子的人，不論貧賤富貴、男女老少、地位高低，都必須通過畢達哥拉斯的考驗才行。

畢達哥拉斯首先會問關於父母和親戚的問題，並留意他們的微笑和措辭等。接著，問他們對什麼會產生欲望、交友情況、怎麼度過餘暇時間、會因為什麼感到快樂和悲傷，還會仔細觀察他們走路的姿勢和身體整體的動態，同時一併端詳他們的長相和天生的體格。理由是他認為，一個人靈魂的高貴或卑賤，會透過身體條件和行動顯現出來。

這樣的考驗要持續3年，若被發現有其中一面表現不佳，候補者就必須離開共修院。唯有通過初步考驗的人才能進到下一階段。

通過第一階段的人必須保持5年沉默不語，因為畢達哥拉斯認為，用心智控制舌頭是世界上最困難的事。能夠真的一言不發度過5年的人，才得以成為畢達哥拉斯的弟子。

畢達哥拉斯的弟子首先一定要遵守的事項，是必須保密，不能將畢達哥拉斯所傳授的內容流出，也不能把任何在共修院所學到的知識外洩。畢達哥拉斯會如此嚴格訓練弟子的理由，是為了「除去遮蓋住靈魂本有理智的貪婪和無節制的樹叢」。他曾對弟子們這麼說：

「無節制會引起不當的欲望和陶醉於其中而無法克制的感情，這會使人們陷入黑暗的深淵。因為貪欲會導致嫉妒、竊盜行為和剝削，我們必須透過有系統的修養和教育來除去這些使靈魂窒息的障礙物。這個過程就有如把鑄鐵在火中加熱後，再用鎚子捶打才能製造出好的刀刃一樣。唯有當我們的理智從這些惡的影響獲得自由時，我們才終於能在靈魂中植入良善有益的事物。」

畢達哥拉斯根據弟子的優點和能力分成幾個領域。他認為，一視同仁地看待所有弟子並不正確，把自己的教學內容一股腦地分給能力各不相同的弟子也不公平，因此把門生分為「特別弟子」和一般「聽講者」，又將特別弟子和聽講者們根據資質分成三個專門領域：專攻倫理學、商業和法律的弟子稱為「政治家」；研究幾何學和天文學的弟子稱為「數學家」；然後為冥想和宗教意識獻身的弟子稱為「聖職者」。克羅托內的人們稱住在共修院中的畢達哥拉斯門徒為「mathēmatikoi」，即「研究並領悟一切的人們」，這個字結合了意謂「學習」的「mathein」和「所學到的」的「mathema」二字，而「mathema」也是「Mathematics」（數學）一詞的語源；也就是說，數學家指的是研究並領悟一切的人。

畢達哥拉斯在講堂內搭了帳篷，使聽講者看不見他；即

聽講者要在3年觀察和5年沉默的嚴酷見習期結束後，才能成為畢達哥拉斯所承認的特別弟子；也只有特別弟子可以在帳篷內和畢達哥拉斯面對面、直接聽講，一邊學習科學和神學的所有法則、論點和其證明，一邊和畢達哥拉斯共同分享最深奧的智慧 。

第3章

思考創意，想像並提問

How To Think Like
Mathematicians

10

從拉馬努金的
車牌遊戲聯想

倍數

　　我所任教的學校距離我家約一個半小時的車程。在這段不算短的時間裡，我常會邊開車，邊在腦中順過當天待辦的事項、計畫等，或是沉浸在思考前方車牌的趣味中⋯⋯看著車牌也可以是項好玩的遊戲。聽到這裡，可能有人會感到意外；事實上，第一位把汽車車牌上的數字當作數學遊戲的人，是曾為貧窮事務員的印度天才數學家斯里尼瓦瑟・拉馬努金（Srinivasa Ramanujan）。

　　拉馬努金從小就展現了驚人的數值計算和記憶能力。1904年，他靠自學並取得獎學金就讀大學，但因為只專注學習數學而輕忽其他科目，使得他無法繼續獲得獎學金。1905年，他在退學後寫的數篇論文中，展現了找出數字間

深奧關係的驚人能力。1913年，他寄了一封自薦信給英國的數學家哈羅德・哈代（Harold Hardy）。哈代看中他的才能，邀請他隔年到劍橋大學擔任研究員，兩人一起進行研究，並共同發表了出色的結果。但很不幸的，拉馬努金在1917年生了病，並於1919年返回印度的隔年，結束了37歲的短暫一生。

關於拉馬努金數字能力最有名的逸事，發生在他生病住院時。當時哈代搭計程車去探望拉馬努金，他們在病房聊著各式話題；哈代說起自己搭來的計程車車牌號碼，是毫無特色的平凡數字1729。拉馬努金聽了，卻果斷地說1729是很有趣的數字，並說1729是可以用兩個立方數的和來表現數字中最小的自然數。他在紙上寫下了以下的1729的性質並拿給哈代看：

$$1,729 = 1^3 + 12^3 = 9^3 + 10^3$$

我雖然沒有拉馬努金那樣的數學天賦，但跟他一樣，都喜歡用各種方法發掘關於數字的有趣事實，而且我也很享受找出汽車車牌數字中各種性質的遊戲。但我的車牌遊戲並沒有拉馬努金的複雜，是只要會加法，任誰都可以玩的「倍數確認」。若用數字來看世界，無聊的時間能變得有趣，更能轉化為可以看見原本未見事物的有趣時光。為了

讓各位也能試試，就讓我來告訴大家該怎麼玩吧。首先，簡單地來了解一下倍數。

　　某數的1倍、2倍、3倍的數字稱為該數的倍數。舉例來說，4的1倍數為4乘以1，所得為4、2倍數為4乘以2，所得為8、3倍數為4乘以3，所得為12……以此類推；像這樣，4的幾倍數就等於將4乘以該數後所得的數字。因此，將4乘以某數所得的數字4、8、12、16……因為是4的某倍，所以稱為4的倍數。只要明白求倍數的原理，某數的10倍、11倍、28倍、100倍數也都能輕易得出。

　　所謂倍數，是指某數為幾倍時，即是把某數乘以該倍數的數字，因此4的倍數就像4的1倍、2倍、10倍、20倍、100倍、200倍、1,000倍……可求出無止盡的倍數；也就是說，只要數無限存在，就可以無限地求出倍數。

　　因為某數的倍數是由該數乘以自然數1、2、3……而得到的數字，2的倍數依每次增加2、3的倍數依每次增加3、4的倍數依每次增加4……的規則越來越大；因此，某數的倍數在自然數中依一定的間隔躍然出現。在求倍數時，會發現一個共同點，那就是某數的倍數中，最小的數字即是該數本身的事實。舉例而言，2的倍數2、4、6……中最小的數字是2；3的倍數3、6、9……中最小的數字是 3。

另外，有一個數的倍數包含了所有的自然數。若觀察1的倍數，因為1的倍數每次增加1，所以如同1、2、3、4、5、6……是從1開始的所有自然數。

若是有能輕鬆判斷哪些數是否為倍數的「倍數判別法」的話，該有多方便呢？

我所享受的車牌遊戲，正是利用倍數判別法來確認汽車車牌上的數字是哪些數的倍數。能確認給定數字是否為某數的倍數最簡單的方法，就是將該數字用某數去除除看。舉例來說，若想知道92是否為4的倍數，就需要以下的算式：92÷4=23，所以4×23=92，4的23倍是92；因此得到92是4的倍數的事實。那麼451,359,387,532是4的倍數嗎？若這些數字能用4除盡的話，就是4的倍數。但要除大的數字並不容易，何況是邊開車時。所以需要能輕鬆判斷這類大數字是否為某數倍數的簡單方法。來看幾個能輕易判斷給定數是哪些數的倍數的方法吧。

▷2的倍數：個位數為2、4、6、8、0的數字。24、26、38、40、1000……等，全都是2的倍數。2的倍數又稱做偶數。

▷3的倍數：各個數字的總和為3的倍數的數字。例如384中的3、8、4相加為3+8+4=15，因為15是3的倍

數；所以384是3的倍數。有趣的是，用3的倍數384的三個數字3、8、4所能組成的所有三位數384、348、438、483、834、843都是3的倍數。若將這些數字的各個數字相加同樣會得15，而15是3的倍數。但若將334的各個數字相加會得到3+3+4=10，而10並非3的倍數，所以334不是3的倍數；同理，334、343、433也都不是3的倍數。

▷4的倍數：給定數的最後兩位數為00或4的倍數的數字。例如5<u>00</u>、7<u>16</u>、54,5<u>20</u>，以及前面提到的451,359,387,5<u>32</u>，哪些是4的倍數？後兩位數有畫底線的，都是00或4的倍數，也就是4的倍數。而206和444,482等數雖然是偶數，但最後兩位數並非00或4的倍數，所以不是4的倍數。

▷5的倍數：個位數為0或5的數字。例如10、20、25、35、100……等皆為5的倍數。

▷6的倍數：各個數字的總和為3的倍數的偶數。例如468各個數字的總和為4+6+8=18，18是3的倍數，並且468是偶數，所以468是6的倍數。而567的各個數字和是5+6+7=18，18是3的倍數，但567是奇數；所

以567不是6的倍數。

▷7的倍數：要知道某數是否為7的倍數，在各個倍數判別法中最為困難。7的倍數判別法只適用於四位數以上的數字。若為四位數 $abcd$ 的情況，則可用 $abc-2 \times d$ 計算並確認是否為7的倍數。例如，若為1,498則149-2×8=133，因為133是7的倍數，所以1,498是7的倍數。光是這個方式就比其他數字的倍數判別法來得複雜，並且只能在剛好是四位數時才可以使用。

▷8的倍數：最後三位數為000或8的倍數的數字。例如，320、4,000和7,336的最後三位數為000或8的倍數，所以都是8的倍數。

▷9的倍數：各個數字的總和為9的倍數的數字。例如254,421各數字總和為2+5+4+4+2+1=18，因為18是9的倍數；所以254,421是9的倍數。和3的倍數時相同，用這6個數字2、5、4、4、2、1所能組成的6!=720個不同的數字都是9的倍數。例如，252,144、544,212、和421,542都是9的倍數。值得注意的是，雖然只要是9的倍數就是3的倍數，但3的倍數並非都

是9的倍數。

▷10的倍數：各位數為0的數字。舉例來說，如20和300跟5,000……等，因個位數都是0，所以都是10的倍數。

▷11的倍數：奇數位數字和與偶數位數字和的差為0或是11的倍數的數字。例如，3,718的奇數位數字為3、1，而偶數位數字為7、8，那麼(7+8)-(3+1)=15-4=11，而11是11的倍數；所以3,718是11的倍數。

雖然不是所有的數字都有判斷某數為其倍數的通用法，但只要知道從1到11的數字的判別法，就能方便地活用。

假設汽車的車牌為「157-8630」。首先，此數字的個位數為0，所以是偶數且為2的倍數、5的倍數、10的倍數，又因為最後兩個數字為30，所以不是4的倍數，而最後三個數字為630，也不是8的倍數。因此，1,578,630是2、5、10的倍數，但不是4和8的倍數。

接著，試著把汽車車牌上的所有數字相加看看；1+5+7+8+6+3+0=30，30是3的倍數，但不是9的倍數，所

以1,578,630是3的倍數而非9的倍數。並且，因為數字總合為偶數且是3的倍數，所以也是6的倍數。事實上，這個數字無法用7除盡，所以不是7的倍數，而且沒有簡單判別的方法。最後，將奇數位數字的1、7、6、0和偶數位數字的5、8、3各自相加，得出1+7+6+0=14和5+8+3=16，而兩者的差16-14=4，因為不是0或11的倍數，所以1,578,630也不是11的倍數。

在尋求倍數的方法中，前面所介紹的3和9的倍數是不是很有趣呢？就汽車牌照來說，無論給定的數字怎樣排列，始終都是3的倍數，但不是9的倍數。舉例來說，用1,578,630中的數字1、5、7、8、6、3、0再排列而成的5,760,318、1,785,063和3,067,581等，都是3的倍數，但不是9的倍數。

接下來，來看看如何能簡單地得出結論吧。

若1除以3，則商數為0，而餘數為1，那麼以下算式即成立：1=0×3+1。若2除以3，則商數為0，而餘數為2，即2=0×3+2。再來，若將1相加1次、2次、3次、4次，則餘數各為1、2、0、1，即餘數會依1、2、0的順序循環。同樣的，若將2相加1次、2次、3次、4次，則餘數各為2、1、0、2，而餘數會依2、1、0的順序循環。當然將3相加幾次都能用3除盡，所以餘數為0。6和9是3的倍數，若將6和9各加上1之後的7和10除以3，則餘數皆為1。

又，6和9減去1之後的5和8若除以3，則餘數皆為2。同時，6和9乘2的12和18依然是3的倍數。即，若兩數字a, b為某數m的倍數，則將兩數加上或減去相同的數字c的$a+c$、$b+c$各自除以m時，餘數始終相同；並且，乘上c的ac、bc也依然是m的倍數。當然不論加或減幾次其他數字，此性質仍然成立；即$a+c_1+c_2+\cdots+c_n$和$b+c_1+c_2+\cdots+c_n$除以m的餘數會相同。兩數字a, b若為某數m的倍數，則$ac_1c_2\cdots c_n$和$bc_1c_2\cdots c_n$依然是m的倍數。像這樣的倍數性質還可以再擴張和延伸，但因為其過程十分複雜難懂，這裡就先省略不談囉。

⑪

星星有多閃亮呢？

平方反比定律

　　光害嚴重的都會區夜裡很難看見星星，但在鄉下或是山裡，天氣好的時候，天空真的會布滿星斗，而且滿到像要掉下來，畫過天際的銀河就像是撒了銀粉般美麗。說到這裡，先來分享一下一個和銀河有關的希臘神話吧。

　　很久以前，命運的女神對宙斯做了以下的預言：

　　「天空之神烏拉諾斯的血脈巨人族將反抗奧林帕斯諸神，眾神必須借助人類英雄的力量來擊敗他們。」

　　宙斯反覆思索這則預言，並尋找能生下打敗巨人族英雄的人類女性。能產下要和他一起完成這項重責大任的人

類之子的，必須是具有足夠的智慧、美麗與力量的女性才行。他相中了珀爾修斯的後裔阿爾克墨涅。當夜晚來臨，宙斯變裝成阿爾克墨涅的未婚夫安菲特律翁前去找她。阿爾克墨涅是位聰明、美麗又堅強的女子，她清楚知道，安菲特律翁正為了去找殺死阿爾克墨涅哥哥的盜賊復仇而遠行，宙斯於是謊稱他已成功報仇，說服她同意與他共寢。

隔天一早，宙斯離開後，真正的安菲特律翁回來了。安菲特律翁興高采烈地向阿爾克墨涅描述自己的勝利並和她共度了一晚。到了早上，阿爾克墨涅向安菲特律翁說，同樣的故事她已經聽了兩遍。安菲特律翁感到奇怪，於是去見了先知特伊西亞斯，先知告訴他，這件事和宙斯脫不了關係。

當然，關於這一切都躲不過宙斯的妻子、婚姻和家庭女神，也是權位最高的女神赫拉的耳目。十個月後，當阿爾克墨涅要產下雙胞胎男孩時，赫拉展開了報復行動。她找來助產女神埃勒提亞，命令她不准讓孩子出生，女神於是待在房門外，試圖讓阿爾克墨涅無法生下孩子。幸好聰明的侍女伽蘭提斯知道埃勒提亞女神的企圖，突然衝出房門並大聲喊道：

「孩子出生了，是個男孩！」

埃勒提亞嚇了一跳，趕緊往房內跑，想探究眞實，不料慌亂間竟讓阿爾克墨涅生下了孩子。阿爾克墨涅生下了雙胞胎，其中一個是宙斯的兒子赫拉克勒斯，另一個是安菲特律翁的兒子伊菲克勒斯。由於兩個孩子長得非常像，連他們的母親都分不出誰是誰，只有宙斯認得出來。

　　宙斯偷偷從搖籃帶走赫拉克勒斯，並趁著赫拉沉睡時，讓他吸吮赫拉的乳汁，試圖讓他成爲不死之神。但也許是孩子吸得太用力，驚醒了赫拉，她一邊大叫，一邊用力地將孩子推開，力道之大，使得乳汁噴濺得很遠，並形成了銀河。因爲這樣，銀河於是有了「乳之路」（Milky way）的名稱。

　　赫拉克勒斯的名字含有「赫拉的榮耀」之意，但自此之後，赫拉克勒斯因受赫拉厭惡而經歷了許多苦難。最終，奧林帕斯諸神在赫拉克勒斯的幫助下，打贏了和巨人的戰爭。

　　後來赫拉克勒斯也成了天上的星座——武仙座。在夏季的夜空中可以看到此星座，就在織女星（Vega）西邊，它也是88個星座中面積第5大的星座。雖然沒有特別亮的星星，但有3到4等星，且形狀分明，很容易畫出來。星圖上的赫拉克勒斯呈現正擊倒九頭水蛇海德拉的姿勢；被赫拉克勒斯打敗的海德拉作爲他的戰利品，也成了星座，即長蛇座。被視爲赫拉克勒斯頭部最亮的星星「帝座」（武仙座α星），是一顆體積爲太陽的800倍而爲人所知的紅巨星。

若用我們平時常用的距離感來衡量，由於星星的位置非常遙遠，看起來就像貼在天球上，而不容易感知實際的距離。但是當我們用肉眼看時，星星的亮度多少有細微的差異。實際上，星星的亮度會依其與地球距離的平方成反比而降低。舉例來說，若有兩顆亮度相同的星星，其中一顆星較另一顆遠2倍的話，較遠的星星亮度為較近的星星亮度的 $\frac{1}{2^2} = \frac{1}{4}$，這就是「平方反比定律」。平方反比定律成立的理由，在於相似圖形的面積比。

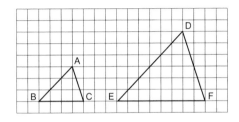

上圖中△DEF是將△ABC的三邊長度各變為2倍的放大圖。若將△ABC的三邊長各變為2倍，則和△DEF全等；若將△DEF的各邊長各變為 $\frac{1}{2}$ 倍，則和△ABC全等。像這樣，一個圖形依一定比率放大或縮小後的圖形，若和另一圖形全等，則可稱這兩個圖形有相似關係；又，有相似關係的兩個圖形稱為相似圖形。△ABC和△DEF若為相似圖形，則可用∽符號表示如下：

$$\triangle ABC \backsim \triangle DEF$$

兩圖形用相似記號表示時，兩圖形的頂點須依照對應的順序來寫。

當△ABC∽△DEF時，若將兩個三角形中三組對應邊長的比各自比較，會得出像這樣的常數：

$$\overline{AB} : \overline{DE} = \overline{BC} : \overline{EF} = \overline{CA} : \overline{FD} = 1 : 2$$

並且，兩個三角形中三組對應角的角度若各自比較，會得到以下結果：

$$\angle A = \angle D, \angle B = \angle E, \angle C = \angle F$$

一般來說，兩個相似的平面圖形，其對應邊的長度比為固定，且對應角的角度皆相同。兩個相似圖形對應邊的長度比稱為「相似比」。舉例來說，前面所提供的兩個相似三角形ABC和DEF的對應邊長比為1：2，因此兩者的相似比為1：2。在各種圖形中，值得注意的是，所有的圓皆互為相似圖形，並且相似比等於圓半徑的長度比，即半徑長度各為a和b的兩個圓的相似比為$a : b$。

只要利用相似比，就可以透過影子的長度計算出無法直接測量的樹木高度。

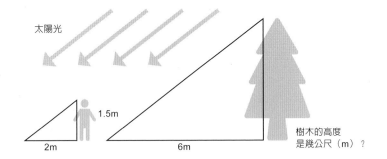

　如上圖所顯示，身高1.5公尺的人的影子長度爲2公尺，樹木的影子長度爲6公尺。圖中的兩個三角形皆爲直角三角形，且斜邊的方向和太陽光照射的方向相同，因此兩者相似。假設樹木的高度爲x，則相似比$2:6=1.5:x \Leftrightarrow 2x=6 \times 1.5=9$成立，因此可知樹木的高度爲$\frac{9}{2}=4.5$。

　接著，來看看兩個相似圖形的面積比。已知前面所提供的兩個三角形ABC和DEF的相似比爲1：2，因三角形的面積爲(底邊的長)×(高)×$\frac{1}{2}$，則可得出△ABC的面積爲$4 \times 3 \times \frac{1}{2}=6$，△DEF的面積爲$8 \times 6 \times \frac{1}{2}=24$。因此兩個相似三角形的面積比爲6：24＝1：4，即$1:4=1:2^2$。一般而言，相似比爲$a:b$的兩個圖形的面積比爲$a^2:b^2$。同理，半徑長各爲a和b的圓，兩者的面積比爲$a^2:b^2$。

　現在來看看爲何星星的亮度成平方反比吧。

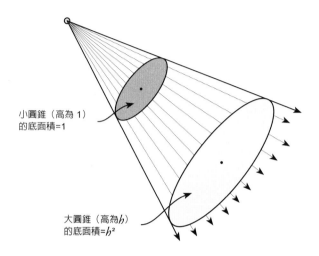

小圓錐（高為 1）
的底面積=1

大圓錐（高為 h）
的底面積=h^2

　　就像上圖一樣，請想像一下遠方的星星發出的光所形成的兩
個圓錐。

　　若將小圓錐放大，因爲會和大圓錐重合，所以兩個圓錐相
似。此時，若小圓錐的高（從星星到小圓錐的距離）爲1，而大圓錐
的高（從星星到大圓錐的距離）爲 h，則兩圓錐的相似比爲 $1:h$，因
此小圓錐底部的圓圈和大圓錐底部的圓圈的相似比亦爲 $1:h$，
而兩個圓形的面積比爲 $1^2:h^2=1:h^2$。

　　由於光是直線前進，所以經過這兩個圓錐底部的圓的光線量
是相同的。大圓要用和小圓相同量的光照亮大其 h^2 倍的範圍，
所以亮度爲其倒數的 $\dfrac{1}{h^2}$，也就是說，能知道星星的亮度會和
距離 h 的平方成反比地變暗。

這就是前面所介紹的平方反比定律。重力或靜電力等也因相同的理由遵循平方反比定律。像這樣，平方反比定律出現在自然界的許多場景中，亦即黑夜中的星星各自閃爍著不同強度光芒的理由，都能夠透過數學輕易說明。

隱藏在瓶蓋裡的角度

因數

　　若想要喝清爽又暢快的汽水，首先必須將瓶口的蓋子打開。我們現在使用的瓶蓋有很多種類，但說到瓶蓋，最先想到的無非是皇冠形狀的，對吧？

　　話說，人類最早是從何時開始使用瓶蓋的呢？

　　在西元前2000年左右的龐貝遺址中就曾發現瓶蓋，可見人類從很早以前就開始使用它，但以前的瓶蓋並非現在這種凹凸不平的皇冠狀。有著皇冠狀凹槽的瓶蓋，是1892年美國巴爾的摩的威廉・潘特（Painter）夫妻，為了防止蘇打水變質而發明製造的。

　　起因是潘特在不知道飲料壞掉的情況下飲用而導致食物中毒。當他了解到腐敗的原因出在瓶蓋後，下定決心要開

發出讓內容物不會壞掉的瓶蓋。在那之前所使用的瓶蓋，有無法長時間承受碳酸飲料中二氧化碳氣體壓力的缺點。

「要製作完善的瓶蓋，最先要做什麼呢？」

一番苦惱後，潘特為了把握各種瓶蓋的優缺點而找遍當時的各種瓶蓋，5年間竟蒐集了多達600多種、3000個瓶蓋。潘特認真研究了蒐集來的瓶蓋，結果開發出一款從瓶口內將蓋子像螺絲一樣轉緊的蓋子。

但是這個蓋子有幾個問題。因為不是拋棄式，所以每使用一次瓶栓都會產生耗損，而且無法確認瓶中所裝的飲料是否為新的。實際上，更有部分黑心商人利用這種蓋子，在高價的酒瓶裡裝入廉價的酒來販賣。不過最大的問題點，在於裝氣泡酒或啤酒時，瓶塞會因為無法承受壓力而彈出來。

為了改善這項缺點，潘特決定先試著製作無法重複使用的拋棄式瓶蓋，但他的研究一次又一次的以失敗收場。某一天，潘特的妻子突然說：

「先把蓋子像帽子一樣套在瓶子上，然後再將周圍像皇冠一樣一次壓緊怎麼樣？」

聽完妻子的話，潘特趕緊做了一個模型。首先，他在瓶

口製造了凹槽，接著在瓶口上方擺上圓形的鐵片，再於其周圍施力將瓶蓋關上。終於，鋸齒狀的皇冠式瓶蓋就此誕生了。

　　不過潘特的研究並沒有結束，問題出在瓶蓋上鋸齒的個數。個數多的話雖然能承受汽水或啤酒的壓力，但是很難將瓶蓋打開；個數少的話雖然很容易打開，但瓶蓋難以承受內容物的壓力。

　　潘特將蓋在新開發瓶蓋表面的圓形鐵片視為一個圓，並在圓周畫上適當個數的鋸齒。

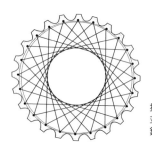

找出360的因數
並依相同間隔畫出
鋸齒的瓶蓋樣貌

　　因為圓形為360度，所以潘特找出360的因數，並開始依相同間隔畫上鋸齒。但是因為360的因數太多了，所以他決定試著利用正三角形來畫鋸齒。於是潘特開始在圓形的鐵片上畫正三角形以找出合適的鋸齒數，並在最後發現當藉由轉動8個正三角形來製作24個鋸齒時，瓶蓋不僅能承受氣體的壓力，同時也不會太難打開。

因為$360 = 2^3 \times 3^2 \times 5$，360的因數為1、2、3、4、5、6、8、9、10、12、15、18、20、24、30、36、40、45、60、72、90、120、180、360，一共24個。但要在圓內畫正三角形，所以將24個因數各別乘上正三角形的頂點個數3，再除360時，在360度的圓內可依相同間隔畫上正三角形，並且角度大小能維持自然數的數有1、2、3、4、5、6、8、10、12、15、20、24、30、40、60、120。舉例來說，若以9試算則9×3=27，並且360÷27=13.333...，所以在圓內畫9個正三角形時，頂點間的角度（鋸齒間的角度）大小必須固定為13.333...度；要在圓內精準地排列9個正三角形是非常困難的。

那麼，再讓我們來看看乘以3再用360去除時，商數為可除盡的自然數因數中的6吧。使用6個正三角形時，扣住瓶子的鋸齒間的間隔因360÷(6×3)＝20而為20度，此時據悉瓶蓋難以承受氣體的壓力，也就是說，使用6個正三角形以下的情況皆不適合用來做瓶蓋。使用12個以上時，則鋸齒太緊密而不容易打開。因此，最合適的正三角形數是8個，即因360÷8÷3=15，只要在360度的圓中將共24個的鋸齒維持15度的間隔排列即可。

1892年，潘特夫妻終於成功發明了有皇冠形凹槽的瓶蓋，因為形狀像皇冠而將此瓶蓋命名為「皇冠式瓶蓋」（CROWN CORK）。潘特在發明了皇冠式瓶蓋不久後，就申

請了專利，並在1894年取得專利權。

　　原本是24個鋸齒，後來為了提升效率而改良成現今21個凹槽的瓶蓋。這個鋸齒個數被固定沿用至今，並且全世界通用，因為若少於21個，蓋子容易鬆脫；多過21則不好打開。像這樣，看似沒什麼的瓶蓋發明，讓潘特夫妻獲得了一天1,000美元、1年則足足有35萬6,000美元的專利費，以當時來說是非常大筆的財富。

　　那時候的飲料業者和釀酒業者若要使用皇冠式瓶蓋，就必須承受換掉原本使用的瓶子和機器的不便。為了說服他們使用自己的瓶蓋，據說潘特甚至把用皇冠式瓶蓋封口的啤酒從北美運送到了南美。

　　1906年，皇冠製罐公司（Crown Cork & Seal Company）在全世界設立了瓶蓋工廠，並在1930年代供給全世界近半數的瓶蓋。若是潘特沒有利用圓的性質設計出瓶蓋，也許我們到現在還無法喝到能長時間保存暢快感的清涼飲料。

⑬

生理節律
真的存在嗎？

最小公倍數

　　在某些日子裡會沒理由感到心情好，某些日子會莫名地心情差到煩躁不已，又有些日子感覺專注力特別強……為什麼會這樣呢？

　　各位是否聽過身體的生理節律（Biorhythm）呢？這是由德國醫生威爾赫姆‧弗里斯所發現的，是指人體有身體、情感、智力三個週期，且三個週期會根據出生年月日，以特定規律出現，並隨著該規律的組合而有能力或活動效率的差異。身體節律（Physical cycle）以23日；情感節律（Emotional cycle）以28日；智力節律（Intellectual cycle）以33日為週期變化。

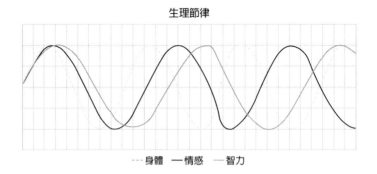

生理節律

··· 身體　— 情感　— 智力

　　但生理節律假定身體、情感、智力節律的週期恆定，並且只要是同一天出生的人，就有著相同的生理節律。加上受到數字相關的神祕主義等因素影響，要被視爲科學仍遠遠不夠。因此，生理節律目前仍被視爲像「血型性格」一樣，是一種假借科學名義的占卜術，可說是極具代表性的僞科學。儘管是僞科學，但因爲很有趣，所以還是讓我們來了解一下生理節律吧。

　　以23日爲週期的身體節律，透過支配肌肉細胞和肌纖維的節律來決定健康狀態。此外，它也影響心理上的能量，更反應在活力、攻擊性、工作熱情、進取心、反抗性、自信、勇氣、忍耐心、鬥志、反抗心等方面，因爲這些特徵而有「男性節律」之稱。

　　以28日爲週期的情感節律，因爲支配交感神經且和女性荷爾蒙有關，會影響情緒或情感能量，直接反應在情感、情

緒、心情、開朗度、胃口、感受性、第六感、想像力、表現力、合作性和藝術感受等方面，所以也稱作「女性節律」。

以33日為週期的智力節律，支配腦細胞活動，並根據甲狀腺激素的分泌週期，大腦功能會出現波動，反應在意志力、冷靜度、沉著度、理解力、判斷力、推理力、分析能力、理智、邏輯組織力、集中力、統整力、待人處事能力、談話或文章撰寫等方面。

生理節律從出生那一天開始，週期一生不變。三條曲線在出生日起從基準的0點出發，並在能量和能力上升到最高點後，開始下降並再次經過0點，然後進入低潮期並到達最低點。在那之後，則透過再次補充新的能量慢慢回升至0點，並完成一個週期。一般來說，0點位在最高點和最低點的中間。

身體、情感、智力的生理節律在從低潮期轉換為高潮期的日子，和從高潮期轉換至低潮期的日子，因為節律的性質急遽變化、身心狀態不安定而被稱作「大凶日」。在這天，因較容易發生無心的事故或出錯，所以要多加注意。尤其當三個節律都處於大凶日的「三重大凶日」是最危險的日子，而「雙重大凶日」也同樣較單獨的大凶日來得危險。因此在大凶日當天，應該做輕鬆的事和多休息，才是明智之舉。

生理節律的身體、情感、智力三種節律中，因爲根據個人因素不同而有其主導的節律，因此必須將該節律作爲分析重點。生理節律的應用主要在戰後的歐洲、日本和美國等國擴散，特別是隨著計算機、電腦的進步，讓相關的數學計算變得更加容易和簡單。目前，生理節律多被用於工業、醫學、航太、運輸、體育等各領域的災害預防和效率提升上。

前面說了，生理節律從出生時就已決定，且一生不變。另外，在生理節律中雖然有三重大凶日，但也有三重大吉日，即身體、情感、智力各個節律的大吉日重疊的日子。

那麼，三重大凶日和三重大吉日每隔幾天會來臨一次呢？若想知道答案，只要找出三個數字23、28、33的最小公倍數即可。而三個數字23、28、33的最小公倍數爲23×28×33=21,252，所以若依生理節律從一開始出生自0點出發，三個節律若要形成三重大凶日或三重大吉日，最少要經過 21,252天；因爲1年爲365天，所以21,252天是58年以上。因此，根據生物節律的話，最好和最壞的日子58年內一定會各輪到一次，而一生中各會經歷1次左右。就算我們能活到120歲左右，一生中也僅會經歷2次，所以不需要太擔心。

如同前述，因爲生理節律是假科學之名的僞科學，各位只要單純知道其中趣味即可。

14

60甲子的祕密

進位法

　　自古以來，東方社會就有與生理節律的58年類似的觀念，認爲人生會以60年爲週期變化。根據天干地支的記年方式，以10天干和12地支、每60年循環一次，稱作一甲子＝60年，因此60歲也稱作60甲子（暗喻虛歲），或是還甲、回甲、六甲、花甲。另外，12地支各有代表屬相，也就是俗稱的12生肖，那麼各位可知道12生肖的代表動物是如何排列順序的呢？

　　傳說掌管人類世界的玉皇大帝想選擇既能幫助他，又能造福人類的動物，所以召集了所有的動物並說：「我將選出在某月某日某時，由指定地點出發並最早抵達這裡的12隻動物，來輪流協助我造福人類世界一年。」

終於到了玉皇大帝所定下的日子，動物們都摩拳擦掌地準備出發。第一個出發的是牛。牛在秒針轉至規定日的瞬間就啓程，老實地一步一步前進，並且最先看見目的地。就在牛要跨過終點線時，坐在牠背上搭便車的老鼠突然一躍而起，比牛更早跨越了終點線，領先牛成了12生肖裡的第一屬相。

從老鼠到豬，12隻動物依序抵達後，玉皇大帝便決定讓這些動物各自輪流造福人類一年。第13名抵達的貓，說自己因爲搞錯日期才晚了而感到委屈，並向玉皇大帝求情。於是玉皇大帝說，已經決定的12隻動物裡，若是有誰辦事不力，就讓貓來代替牠。據說貓至今仍觀察著這12隻動物是否盡忠職守。

這12生肖代表的動物和年份地支依序爲：鼠（子）、牛（丑）、虎（寅）、兔（卯）、龍（辰）、蛇（巳）、馬（午）、羊（未）、猴（申）、雞（酉）、狗（戌）、豬（亥）。因爲是造福在地上生活的人類所以稱爲「地支」，而10個表示天空運行的甲、乙、丙、丁、戊、己、庚、辛、壬、癸，則稱爲「天干」。

從10個天干的第一個「甲」和12個地支的第一個「子」開始，依序進行排列會有的60個組合，稱爲「60甲子」或是「六甲」「花甲」。我們常說的還甲或是回甲，正是因爲60歲生日代表著要回到一開始的意思，也稱爲1甲子。

若用數學的觀點來看，可以把天干想成是10進位法，地支想成是12進位法，而60甲子想成是60進位法。即10個天干和12個地支會得出60，這是因為10和12的最小公倍數為60。

在東方的思想中，比天干和地支更重要的是「陰陽五行」。「陰陽」即字面上所說的「陰」和「陽」，「五行」則涵蓋「金、木、水、火、土」五項元素，「行」代表的是這五項元素不止息地運作，並影響宇宙萬象和人生旅程中的吉凶禍福。

舉例來說，木能生火，而灰燼化為土；土經過長時間的壓實變為石頭，進而成為鐵（金）；若有石頭或鐵，就會產生冷能量，而造成露水等水；接著水又會使木生長，因此五行就像生生不息的循環，彼此密不可分、無始無終，並相輔相成地持續運行。

在陰陽中陽為一，陰為--，可生出四象和八卦，八卦是指乾（☰）、兌（☱）、離（☲）、震（☳）、巽（☴）、坎（☵）、艮（☶）、坤（☷）。值得一提的是，8個卦可以透過將一表示為1、--表示為0的二進位法來表現。乾（☰）是$1 \times 2^2 + 1 \times 2 + 1 = 7$，而兌（☱）是$1 \times 2^2 + 1 \times 2 + 0 = 6$，離（☲）是$1 \times 2^2 + 0 \times 2 + 1 = 5$。依此方式計算，震、巽、坎、艮、坤則依序為4、3、2、1、0。

若將由陰陽誕生的8個卦兩兩配成一組，則會有64卦；若將64卦兩兩配成一組，則會有64×64=4,096卦；若再將這4,096卦兩兩配成一組，則會有4,096×4,096=16,777,216卦。這其中，陰陽五行、天干和地支相互作用，而在它們之間透過數學來解釋其奧妙和諧的，便是「四柱八字」。

　　四柱八字中所謂「四根柱子」的四柱即是人的出生年、月、日、時的天干和地支的結合。不過因為「四根柱子」都有各自的天干和地支，所以會有8個字，這便是所謂的「八字」。舉例來說，在農曆2023年1月5日上午10點出生的人，四柱為「癸卯年、庚辰月、甲申日、丁巳時」，八字為「癸、卯、庚、辰、甲、申、丁、巳」。像這樣，四柱八字和陰陽五行相結合，成為能占卜此人一生的依據。若再加入一個元素，則每個天干和地支都有各自相對應的顏色。若要一次性表示天干、地支、陰陽、五行、顏色，則可參考下圖。

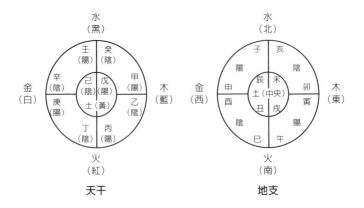

天干　　　　　　　地支

舉例來說，在「癸卯、庚辰、甲申、丁巳」中，癸為陰水，而有在地下的水或礦泉水、使農作物良好生長的滋潤的雨或小池塘等意思。卯是陽木且代表兔子，而兔子意指勤勉並多產，並且有溫順又機靈的性質。像卯一樣，各種動物都有各自的特性，而這些特性也可以直接套用在人類身上。尤其在動物中有互動融洽的動物，也有彼此處不來的動物，這些對象即是所謂的「三合」和「元辰」。例如，地支中的虎（寅）、馬（午）、狗（戌）就是三合。而兩種動物若為元辰，則是各有不同的原因，比方說，因為鼠討厭羊的排泄物，所以鼠（子）和羊（未）為元辰。

　　這所有要素的加總作用決定人類的吉凶禍福，即東方的命運論，是傳統算命的四柱八字和《土亭祕訣》（韓國傳統的卜卦書，相傳是根據中國《易經64卦》和《鐵板神數》寫成）的基礎。然而，其中陰陽的2進位法，三合的3進位法，五行的5進位法，天干的10進位法，地支的12進位法，還有融合一切的60進位法，是實現這一切的根基。

　　像這樣，祖先為了了解世界的道理，使用了如此多的進位法。想想在數學中，光一種進位法就夠複雜了，身為這麼優秀的祖先的後代，我們大可以感到自豪。

15

找出問題中
隱藏的共同點

排列

　　在人類文明多樣化發展的過程中，數學也增加了其多樣性。因此，古代數學只分為代數和幾何，但現代數學更多樣地分成代數、分析、幾何、機率等。大範圍的領域再細分為小範圍領域，而分化後的小範圍領域又再被分成更小的領域。經過無數次反覆後，現代數學被細分成眾多互相交織的領域，並且變得幾乎難以分類。而每年，光是新發現的數學理論就有數十萬個。

　　在各種領域中，離散數學是使用離散對象和離散方法的數學，並以組合數學為大宗。在以前，離散數學是隱藏在遊戲等項目中的數學，目的只有興趣或樂趣。不過到了20世紀後半，它在純粹數學、應用數學中占有非常重

要的地位。如前面所述，離散數學中最重要的部分爲組合數學，而組合數學主要關心的問題可分爲：「特定規則的排列是否存在？」──排列的存在性；「若存在，共有幾種？」──排列的個數；「什麼是最佳的排列？」──找出最佳排列；「排列構造爲何？」──排列的構造分析。接下來，就讓我們透過非洲特別的遊戲，花點時間來理解組合數學吧。

居在非洲西南部安哥拉的紹奎人（Chokwe），他們以手工製造的美麗網紋地墊、花瓶和木雕等飾品聞名世界，而這類裝飾品大部分是以索納（Sona-sand，在沙地上畫製的圖樣，也簡稱沙畫）爲基本圖樣製作的。紹奎人自古以來，就會圍坐在火邊或樹蔭下，邊講著和動物相關的俗諺或古老故事，邊爲搭配故事情境而在沙地上作畫，這些畫就稱爲「索納」，可說是一項傳統娛樂。事實上，索納也成爲紹奎人祖先把英勇故事和智慧流傳給下一代的活歷史書。可惜的是，索納傳統已經流失，現今已不在沙子上，而是改成在紙上點上幾點、並完成圖畫的遊戲，流傳至各地。

索納並不是隨意塗鴉，有一定的製作技術和涵義。過去會由受尊敬的長者或專家，把這項如何說書和畫畫的索納技術傳給男性後代。首先，在沙子上依相同間隔點出幾

個矩形狀的點，接著在合適的位置放上手指後，和想說的故事同時在點之間畫線並開始。整體的圖樣雖會根據故事種類有所不同，但畫線完成圖畫的規則是固定的。最重要的，必須畫出符合故事的圖，並且畫圖時要盡可能地使用最少條線來畫。因此，在某些情況下，甚至只用一條線就能畫出很複雜又有趣的畫。因為是在畫線的同時說故事，所以說故事或聽故事的人都能很輕易地知道畫是用幾條線完成的。

點出矩形狀的點之後，除了畫線時不可以通過點，還有幾個規則要注意：

1. 可從任意兩點之間的任一處開始。
2. 開始時，從一開始所選的位置與點列保持45度畫一直線。
3. 畫直線時，若抵達點列的末端，則需90度回轉並繼續畫直線。
4. 可以穿越畫好的直線，但同一條直線不能畫兩遍。
5. 畫線時若經過一開始的下筆處，第一條線就算畫完了；此時，這條線便成為封閉的線。若想再畫新的一條線，則重複以上過程至線段封閉，即為完成。

現在就讓我們依上面的規則試著完成索納吧。首先，像下方左邊的圖一樣，將12個點以矩形排列。起點則和右邊的圖一樣，從左下開始，並和點列間維持45度畫直線直至點列結束的末端，再做90度回轉。不是點和點之間的地方，雖然要90度回轉，但也可以像圖示那樣做弧形回轉。

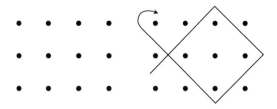

若將前述的索納完成，就會畫出如下面左邊的圖。如果替完成的索納畫上尾巴、腳，以及頭的話，就會像右邊的畫那樣變成一隻羊。也就是說，這是在講述以羊為題材的故事時繪製的索納圖。此時，完成的索納羊，因為起點和終點僅在一處相交，所以是由1條封閉的線繪製而成的。

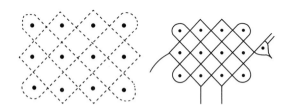

然而，並非所有的索納都是由1條封閉的線完成的。下頁圖是用3條封閉的線繪製而成的索納烏龜。

　既然大致了解了索納的畫法和規則，那麼現在來說點和數學相關話題吧。來看看將點依矩形排列時，找出所需最少封閉線數量的隱藏規則。

　將索納視為休閒娛樂、主要居住在安哥拉的隆達（Lunda）地區，以及鄰近尚比亞、剛果、薩伊等地區的紹奎人，據說他們只要看到點的排列，就能立刻知道需要幾條封閉的線。

　舉例來說，他們能馬上知道如果點是以4×6排列，則需要2條封閉的線；如果是以5×7排列，則1條封閉的線就足夠了。紹奎人是如何只看到地上的點陣列，就知道所需要的最少的封閉線數量呢？

　為了從已完成的索納獲得提示，就來想想看和下圖一樣的點陣列排成兩行時的情況。當點以2×2、2×3、2×4、2×5、2×6等排列時，最少封閉線的數量在各行排有偶數個點時為2條，在各行排有奇數個點時則1條即足夠。

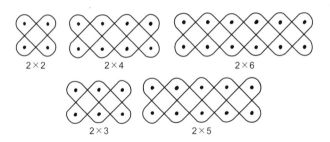

2×2　　2×4　　2×6

2×3　　2×5

接著，若思考排成三行時，則3×3和3×6需要3條封閉
的線，而3×4和3×5則是1條即足夠。

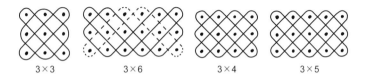

3×3　　3×6　　3×4　　3×5

這次，換成思考如下圖排成四行時的情況。因為4×2和
2×4相同、4×3和3×4相同，所以各需要2條和1條封閉的
線。因此，只要探討4×4、4×5、4×6的情況即可，如下圖
所示，4×4需要4條、4×5需要1條、4×6需要2條封閉的線。

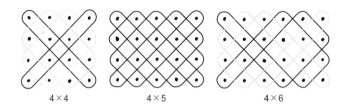

4×4　　4×5　　4×6

這些圖之間究竟有什麼共同點呢？

為了解決這個問題，應該先確認我們知道什麼，才能整理出根據給定行數和列數所需的最少封閉線數量表。

從後面的表格可看出，當各排列的行數和列數是相同的$n \times n$時，封閉線的數量為n條。且行數為2時，可知列數為奇數的話，封閉線的數量為1條；為偶數的話，則是2條。也就是說，若列數與2互質，則封閉線為1條；若不與2互質，則封閉線為2條。行數為3時，封閉線的數量為1條或3條，可得出當列數為與3互質時，封閉線的數量為1條；當列數不與3互質時，封閉線的數量為3條。

行數	列數	封閉線的數量
2	2	2
2	3	1
2	4	2
2	5	1
2	6	2
3	3	3
3	4	1
3	5	1
3	6	3
4	4	4
4	5	1
4	6	2

另外，行數為4時，封閉線的數量為4、1、2。和前面相同，可得出列數與4互質時，封閉線的數量為1條；而不互質時，則為4或2條。到底它們的共同點是什麼呢？

這裡可以看到一項有趣的數學規則：行數和列數若互質，封閉線的數量為1條；而 2×2、3×3、4×4各為2條、3條、4條；又，3×6為3條，4×6為2條。藉此，我們能知道只要定出行數m和列數n，則封閉線的數量會是m和n的最大公因數。舉例來說，若是4×8，不用畫出來也能知道所需的最少封閉線數量是4和8的最大公因數的4條；若是4×10，則需要4和10的最大公因數的2條。

　　像這樣，製造給定的排列就像一種遊戲，但若想找出隱藏其中的規則，則需要數學的頭腦。並且，從像索納一樣的遊戲中找出這樣的數學，並培養其發展的領域正是「組合數學」。**若能從單純的遊戲中找出數學事實，那麼這樣的人肯定是真正找到了有趣的數學學習法的人。**

16

無限反覆
會成為什麼呢？

碎形

　　如果從遠方看一顆葉子掉光的樹，會看到從大樹幹的各處雜亂無章地長出許多小樹枝。靠近看的話，你會看到從樹幹長出大樹枝，再從大樹枝長出小樹枝，而小樹枝又再長出更小的樹枝。

　　和樹木一樣，蕨菜葉或花椰菜也是局部模樣和整體全貌極為相似。還有，崎嶇不平的海岸線、雲、宇宙的形狀等，雖然都看似無規律，但若仔細看，這些無規律的形狀也都是由一定的幾何構造所組成。換句話說，即使將樹木的某個部分擴大，同樣會出現和整棵樹一樣的模樣；海岸線也是，即便將某一段擴大，也會呈現和更廣的一部分相似的模樣。

像這樣有「自相似性」的圖形就稱爲碎形（Fractal）。碎形一詞是源自有「分割」意思的拉丁語「Fractus」。

能在自然中觀察到的碎形的樣子。

　　碎形又分成兩種：以同樣形狀連續重複的幾何碎形和不重複的隨機碎形。已成爲數學新領域的碎形，因爲其奇妙又精巧的現象表現了像是地震、樹木、閃電、雲的形狀、海岸線等自然現象，而被稱爲「大自然的幾何學」。

　　「碎形」之名首次面世，是在生於波蘭的法國數學家本華・曼德博（Benoit Mandelbrot）1975年的著作《大自然的碎形幾何學》中，其中提到，最好的例子是「科赫的雪花曲線」。該曲線是瑞典數學家科赫（Koch）在1906年構想出、一條包圍有限面積的無限長曲線，由正三角形所構成。如下頁圖所示：

①畫出一個正三角形。

②將正三角形的各邊分成3等分並消去中間的部分，然後在各邊被消去的部分，用和消失部分同樣的長度作邊，並做出正三角形。

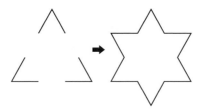

③將從上個步驟所得到的6個正三角形各自無限反覆前面過程。

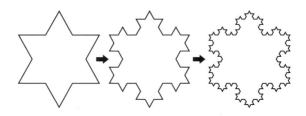

④在前述過程中，圖形的各邊無限增長，會像右邊的圖一樣，邊框越來越複雜，整體呈現雪花的形狀。

透過和得到科赫曲線相同的方法，我們能畫出樹木的樹枝延展的模樣，或是更為複雜的谷灣（或稱溺灣，海岸地形的一種）的樣子。

不斷重複和持續增加自相似部分在原本形狀上的，是碎形；但做出刪減消去的，也同樣是碎形。接著來了解透過消去得到的碎形圖形吧。首先來看看「康托爾集」和「謝爾賓斯基三角形」。

康托爾集是依下列順序所製成：

① 第一個區間從 [0，1] 開始。

② 將 [0，1] 區間分為3等分後，將中間的區間 $\left(\frac{1}{3}, \frac{2}{3}\right)$ 消去，於是會剩下 $\left[0, \frac{1}{3}\right] \cup \left[\frac{2}{3}, 1\right]$。

③ 如同步驟②，將 $\left[0, \frac{1}{3}\right]$ 和 $\left[\frac{2}{3}, 1\right]$ 兩區間的中段也個別消去，於是會留下 $\left[0, \frac{1}{9}\right] \cup \left[\frac{2}{9}, \frac{1}{3}\right] \cup \left[\frac{2}{3}, \frac{7}{9}\right] \cup \left[\frac{8}{9}, 1\right]$。

④ 若持續重複上述過程，就會得到如下的康托爾集。此集合是從線段開始，逐漸被消去局部後最終只剩下如點般極微小的部分。

謝爾賓斯基三角形是依下列順序所製成：

① 畫出一個正三角形。

② 若將正三角形三邊的中點相連，則在原本正三角形的中間會出現一個小正三角形。此時，將在中間的小正三角形消去。

③ 對所剩的3個小正三角形個別執行和②相同的步驟。

④ 重複③的步驟，可得如下的謝爾賓斯基三角形。從正三角形開始的此圖形，同樣會逐漸被消去局部，最終變得像只剩下線一樣。

接著，來試試看製作3次元空間中的碎形「門格海綿」（Menger sponge）吧。奧地利的數學家門格所設計的碎形圖形門格海綿是依下列順序所製成：

① 製作一個正六面體。

② 將正六面體分成27個形狀及大小相同的小正六面體。

③ 將正六面體中央的1個正六面體及在各面中央的6個正六面體消去。

④將剩下的20個正六面體分別重複②、③的步驟。

⑤若持續重複上述過程，就會得到如下圖的門格海綿。

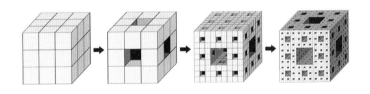

　　碎形也被用來說明我們的大腦構造或宇宙。若根據碎形宇宙學，即使在非常小的粒子中，也有宇宙構造。也就是說，浩瀚的宇宙似乎不斷內含著小宇宙。

　　若仔細觀察構成動物的細胞，在細胞的原子結構中，電子以原子核爲中心，沿著軌道運動。同樣的，地球和木星在太陽系中，圍繞著太陽轉動。若再加以延伸，太陽系是我們銀河系的一部分，並且銀河系也圍繞著什麼在公轉。另外，腦神經細胞間的連結網，和被稱爲泡沫宇宙的數千億個銀河間的連結網，雖然大小不同，但模樣皆和肥皂泡沫構造相似。像這樣，不論大小，物質世界的許多物體，在本質上都是一個大世界不斷內含相同構造小世界的碎形構造。實際上，宇宙的照片和腦神經細胞連結網的照片非常相似。

　　雖然碎形一開始出現時，被認爲單純只是有趣，但現在碎形已被應用在許多領域。尤其，碎形結合藝術而創造了至今未曾見過、由多變又絢麗的圖樣所製成的碎形藝術。

當今，以「科學與藝術的相遇」爲主題的創作下，有各式
各樣的碎形作品被創造展示。

為何220和284是朋友，
6和28是最棒的建築師？

認為數字十分神聖的畢達哥拉斯學派，創造了多種性質各不相同的數字。其中，最為人知的有親和數、完全數和有形數（又稱圖形數）。先來認識一下親和數（又稱友愛數）吧。

畢達哥拉斯某天被弟子問道：「朋友是什麼樣的關係呢？」畢達哥拉斯這麼回答：「朋友是另一個我，就像220和284。」

從此之後，畢達哥拉斯學派就相信220和284是親和數。畢達哥拉斯會稱220和284為朋友的原因，是因為若將220的所有真因數1、2、4、5、10、11、20、22、44、55、110相加則得284；同樣的，若將284的所有真

因數1、2、4、71、142相加，則得220。像這樣，某兩個數若為親和數的情況下，其中一數的真因數和會等於另一數，反過來也同樣成立。

古希臘人為了找親和數，做了很多努力，但卻未發現220和284以外的親和數。因此不只是畢達哥拉斯學派，古代數學家也認為親和數很神聖。親和數也被用於宗教儀式、占星術、魔法和符咒製作。

直到17世紀前半為止，都沒有220和284以外的其他親和數數對被發現。終於在1636年，法國數學家費馬（Fermat）發現了17,296和18,416兩數字為親和數。並且很快的，法國的另一位優秀數學家笛卡兒（Descartes）在1638年找到了第三對親和數9,363,584和9,437,056。其後在1747年，瑞士數學家尤拉（Euler）找到了30對親和數，並在持續研究後，共找到60對親和數。時至今日，也只發現了約400對親和數。有趣的是，在1866年，16歲的義大利少年尼古洛·帕格尼尼發現了過去誰都沒發現、數字很小的親和數對1,184和1,210。

對於數字的神祕性質很感興趣的畢達哥拉斯學派，以6的真因數是1、2、3為契機，發現了1+2+3=6的性質。於是，他們將像6這樣、真因數和等於自己的數字稱為「完全數」。包含畢達哥拉斯學派在內，古希臘人很努力地尋找完全數和上面介紹的親和數。他們在尋找完全數的過程

中，還發現了另外兩種數字的存在。舉例來說，15的真因數為1、3、5，而1+3+5=9；和15一樣，真因數和小於自己的數稱為「不足數」（又稱虧數）。此外，12的真因數為1、2、3、4、6而1+2+3+4+6=16，像這樣真因數和大於自己的數的數稱為「過剩數」。

在第一個完全數6之後被發現的另一個完全數是28，並有人將6和28兩個完全數稱為最棒的建築師；因為世界是在6天內被創造的，而月球每28天繞行地球一週。尤其是聖奧古斯丁還說過：「上帝在6天內創造世界的理由，是因為6是一個完全數。」由此可見，要找出完全數非常困難；前4個完全數是6、28、496和8,128。

$$6 = 1 + 2 + 3$$

$$28 = 1 + 2 + 4 + 7 + 14$$

$$496 = 1 + 2 + 4 + 8 + 16 + 31 + 62 + 124 + 248$$

$$8,128 = 1 + 2 + 4 + 8 + 16 + 32 + 64 + 127 + 254 + 508 + 1,016$$
$$+ 2,032 + 4,064$$

古希臘人只找出這4個完全數，但歐幾里得卻發現，只要將適合的數字帶入$2^{n-1}(2^n-1)$，就能找出完全數。舉例來看的話，就會像這樣：

$n = 2$：$2^1(2^2 - 1) = 2 \times 3 = 6$

$n = 3$：$2^2(2^3 - 1) = 4 \times 7 = 28$

$n = 5$：$2^4(2^5 - 1) = 16 \times 31 = 496$

$n = 7$：$2^6(2^7 - 1) = 64 \times 127 = 8{,}128$

　　若觀察上方算式，可看出完全數皆為偶數、n為質數，$2^n - 1$各為3、7、31、127，都是質數。但n為質數時，$2^n - 1$不一定就是質數；舉例來說，$n = 11$雖為質數，$2^{11} - 1 = 2{,}047$且$2{,}047 = 23 \times 89$，所以$2^{11} - 1$並不是質數。$2^n - 1$為質數時，稱為「梅森質數」，並用$M_n = 2^n - 1$表示。梅森是17世紀研究數論和完全數的法國修道士暨數學家。至今，梅森質數的個數是否為有限或無限個、偶數的完全數是否有無限個，以及是否有奇數的完全數，都仍是未知。

　　能找出完全數的公式，可以透過回想國中時所學的指數函數性質來處理。因為$2^{n-1} = \dfrac{2^n}{2}$，所以可以將公式轉換成如下：

$$2^{n-1}(2^n - 1) = \frac{2^n}{2} \times (2^n - 1) = \frac{2^n(2^n - 1)}{2} = \frac{M_n(M_n + 1)}{2}$$

　　此算式和高中所學、求從1到k的自然數和公式$1 + 2 + 3 + \cdots + k = \dfrac{k(k + 1)}{2}$相同；也就是說，所有偶數的完全數可以用連續自然數的和來表示。

$$6 = 1 + 2 + 3$$

$$28 = 1 + 2 + 3 + 4 + 5 + 6 + 7$$

$$496 = 1 + 2 + 3 + 4 + 5 + 6 + 7 + 8 + 9 + \cdots + 30 + 31$$

$$8,128 = 1 + 2 + 3 + 4 + 5 + 6 + 7 + 8 + 9 + 10 + 11 + \cdots + 126 + 127$$

　　畢達哥拉斯認為，這世界上的一切都是由數字所構成，因此主張「萬物皆數也」；對他而言，數學也是人類必須學習的領域。雖然就算我們學了數學，也無法達到像畢達哥拉斯那樣的思考境界，但至少能過上機智聰敏的日常生活。在「機智的數學生活」那天來臨之前，請盡情的享受、沉浸在數學思維中吧。

第4章

思考發明，
轉換想法

How To Think Like
Mathematicians

發現配對
的想法

對應原則

　　史前人類用的數學也有數字嗎？從結論來說，史前人類的數學是沒有數字的「數學思考」。我們無從確知人類從何時開始擁有數學概念，只能從洞穴壁畫和各種文物來推論。現在就讓我們來看看，原始人類如何只憑數學思考來做數學吧。

　　以「一隻老虎」「一顆蘋果」「一粒花生」舉例來說，它們的共同點正是數字「1」。1是人類最早知道的數字，但過去的1和我們現在所認知的1，想法上有些不同——一隻老虎所表示的數字1直接反應老虎的性質，而被看作是「可怕的1」；蘋果的1是「酸酸甜甜的1」；花生的1是「香而美味的1」。像這樣將數量和所表示的對象性質視

為不可分，實在是非常可愛的想法。

總之，對原始人類來說，要將數字1和事物分開來想，是極為困難的事。因此，就像老虎的1是「一隻」，蘋果的1是「一顆」，花生的1是「一粒」一樣，表現數量的詞語各有不同。人類經過幾千年努力不懈，才領悟到無論什麼對象，都能用相同的數字「1」來表示。

針對這一點，英國的數學家暨哲學家伯特蘭‧羅素曾這麼說：

「人類花費了數千年時間，才理解『兩隻雞』的2和『二天』的2是相同的。」

歷經數千年後，終於能將數字和事物性質分開來思考的人類，最先理解的數字是1、2，以及「很多」。

1主要使用「I」「一」「/」「•」等記號。

2最初是被用來當作與1對比的「我以外的別人」「不是這個的那個」等，所以常被想成是男與女、善與惡、生與死、自己的家族和其他家族等。像1的記號一樣，表示數字2時也使用1的記號並疊放──最早的數字就是這樣誕生的。

但是，數字在當時的生活中並不常被使用，因為即使沒有數字，也不會有太大的不便。那麼原始人類在沒有數字的情況下是怎麼計數的呢？

原始人類A在後山摘了幾顆蘋果放到糧倉儲藏。某天，A打算和家人一起吃蘋果。A在不懂數字的年幼兒子手中放入5顆石頭，並要他拿和石頭一樣多的蘋果來。兒子雖然不知道手中握著的石頭顆數，但他將石頭和蘋果一顆顆配對，並正確地拿來了5顆蘋果。

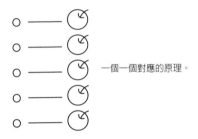

一個一個對應的原理。

活在數千年前的原始人類雖然未有數字，但可以像A年幼的兒子一樣，利用一一對應原理來數物品的數量或是作簡單的計算。這種時候主要會使用小石頭或是「刻痕」。

小石頭的拉丁語是「calculātiō」，這個單字是現在「計算」一詞「calculate」的語源。由此可見，利用石頭計算的方法已被廣泛使用

在刻痕中最有名的文物，是1960年發現於非洲剛果維龍加國家公園內的伊尚戈（Ishango）的「伊尚戈骨」。據推測，伊尚戈骨是在西元前2萬年或1萬8,000年間的文物，一根上頭有著三列刻痕的狒狒腓骨，被認為是計數標示而聞名，下頁露出正面和反面的示意圖。關於伊尚戈骨的用途眾說紛紜，有人認為是計算工具，也有人主張是月曆。

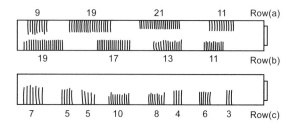

主張是計算工具的理由，是因為觀察上面的刻痕，有像「3和6」「4和8」「10和5」的倍數關係的數字，及在9、19、21、11下方的19、17、13、11。9、19、21、11各為(10-1)、(20-1)、(20+1)、(10+1)，並且19、17、13、11是20內的質數。此外，若將三列數字相加，則總和各為48、60、60，並且都是12的倍數，所以推測製作此工具的人已經懂得乘法和除法。而認為是月曆的主要原因則在於，若將刻痕全部加起來60+48+60=168，和陰曆6個月的日數相同。

人類最早理解的數字是1和2，在此之外的其他數則單純以「很多」來表示。但是光用「很多」並無法比較兩種事物的量，因此又經過了很久之後，人類開始懂得一對一地配對，而這才開啟了人類最早的、真正的數學開端，也就是「一一對應原理」。

一一對應原理有非常特別的能力。讓我們暫時把一一對應原理搬到太空時代想像一下如何？

當進入文明高度發展的時代，想必人類已經前進太空了吧。這樣的話，就需要能在太空留宿的飯店，現在我們就

來虛擬一間蓋在太空裡的「無限飯店」，至於飯店有多少房間、建築體有多龐大，就交給各位自由想像了。

某天，無限飯店來了無數名房客，飯店總經理替每位客人各安排了一間房。由於有一位太空人稍晚才抵達，為了幫他安排房間，總經理重新做了分配。他用將使用1號房的客人移到2號房、2號房移到3號房、3號房移到4號房的方法，把所有客人移到原定房間的隔壁房，然後把空出來的房間安排給那位太空人住宿。

過了一陣子，這次有三對太空人夫妻都想入住，而請無限飯店準備房間。總經理這次請所有客人都移動三間房，也就是讓住在1號房的客人移到4號房、2號房的客人移到5號房、3號房的客人移到6號房。於是，最前面的1號、2號、3號房空了出來，並且將空出的這3間房安排給那三對夫妻。沒想到不久後，又來了無數名的太空人想入住飯店……

移動前

移動後

太空人要求要各自一間房。聰明的總經理請目前所有投宿的客人，移動到數字為自己原定房號兩倍的房間。如此

一來，客人們都搬去偶數房號的房間，而新來的無限名太空人便可以入住奇數房號的房間了。

覺得很複雜嗎？那現在換成數字簡單地來看看吧。

若有某自然數n，則永遠有比它大1的自然數$n+1$，因此自然數無止盡地延續。也就是說，自然數有無限個，其中$2n-1$形式的奇數和$2n$形式的偶數交替出現，且能如下排列，因此自然數可以剛好分成一半。

1　3　5　7　9　11　13　　⋯　：奇數

　2　4　6　8　10　12　14　⋯　：偶數

由於一個自然數無法同時爲奇數和偶數，因此若用文氏圖（Venn diagram）來表示自然數全體，則會如下圖所示：

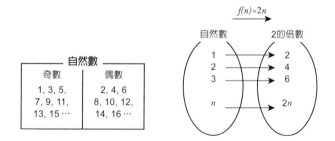

因爲前面說要將每個自然數n移至它兩倍的$2n$，若將此用函數表示則爲$f(n)=2n$。並且，此函數與上面右邊的圖示

相同，自然數*n*一定有一個對應的偶數2*n*能一一配對。

此函數將每個自然數的元素和每個偶數無遺漏地配對。因此，能得知自然數全體的集合和占自然數全體一半的偶數集合剛好有相同個數的元素。事實上，不只是偶數的集合，若$f(n)=2n-1$，則自然數全體的集合和奇數全體的集合也能一一配對。由此可知，自然數全體和占其一半的偶數集合（或是奇數集合）變成是相同的。雖有些不合理之處，但若要更深入了解會變得太過困難，因此先講到這裡，其他的就先略過囉。

透過一一對應得到數字概念的人類，於是訂定了基本數，並透過一定的同捆方式發展出可計數用的進位法，使數學變得更豐富。有趣的是每個時代、地域、民族原本都使用不同的進位法，但現在卻幾乎所有地方都使用10進位法。使用10進位法的理由，是因為我們的手指頭共有10根。在10進位法中，有如個、十、百、千、萬、億、兆、京等，稱呼各位數的名稱。

現在最大的位數名稱是「古戈爾」（googol）和「古戈爾普勒克斯」（googolplex）。古戈爾是在1的後面有100個0的數字10^{100}；古戈爾普勒克斯是1的後面有和古戈爾一樣多個0的數字$10^{10^{100}}$。

此位數的名字是1938年美國數學家愛德華‧卡斯納

（Edward Kasner）9歲的姪子所取的。卡斯納在他的著作《數學與想像》（*Mathematics and the Imagination*）中提到，他的姪子將古戈爾叫作「手痠到不能再寫的位數」。

事實上古戈爾和古戈爾普勒克斯在數學中沒那麼重要。這是卡斯納爲了觀察像這樣的極大數字和無限大之間的差異所設計的，而兩者的差異在天文學家卡爾・薩根（Carl Sagan）曾說過的話「無限大和古戈爾之間的差異，與無限大和1之間的差異相同」中顯而易見。事實上，「1古戈爾」是比宇宙的所有原子數量還多的、相當巨大的數，若用10進位法表示，則如下所示：

$$10^{100} = 10000000000000000000000000000000000000000000000000$$
$$00000000000000000000000000000000000000000000000000$$

有趣的是，名揚世界的網路搜索引擎谷歌名字便是由此而來。谷歌本想以「能展現世界上的一切」的意義將公司名稱登記爲「Googol」，卻不小心拼錯字，而成了現今眾所周知的「Google」。

數學在傑出天才們的影響下，逐漸擴大領域發展至今；數學遇見有強大數學思維、觀察力、求知欲的學者，從萬有引力的發現到相對論的提出，對人類歷史造成了遠大的

影響。**作爲主導人類歷史並支配人們思考的基石，數學極其重要。**

數學一開始從生活中自然出現，現在也持續穩定地發展，並在這個過程中，不斷地追求數學思維的發展。因爲無法得知人類的思考能做到什麼領域、達到什麼程度，所以也無法預測數學的未來。唯一可以確定的是，就像愛因斯坦當初發表相對論時，誰也無法理解、現在卻成了常識一樣，我想**現在因太過困難而無法理解的高等數學，在將來肯定也會成爲常識。**若想分析人類的發展以求進步，我認爲數學思維是不可或缺的。

18

偉大的數字0，
「無」的發明

數

　　從沒有數字的初始，到只用0和1的電腦的發明，數學不斷地引領人類文明發展。現今數學已占據重要位置，學者們甚至稱未來為「數學戰爭的時代」。實際上，主導第四次工業革命的大數據、區塊鏈、AI等，都是以數學理論為基礎開發出來的。

　　數學帶給我們時間表示法、地圖製法、航海術、藝術繪畫、建築、電視、智慧型手機、飛機，還有當前科學技術的寵兒──電腦；它也讓能餵養現今世界人口數的糧食生產量成為可能。當然不是說一切僅靠數學便能實現，但數學在所有領域扮演著核心角色，是誰都無法否認的事實。

　　人類所發明的最簡單的進位法，是以2個為一組同捆，

並且是僅用0和1兩數做表示的2進位法。尤其，東方發展出將所有事物特性分爲光（陽）和黑暗（陰）的陰陽思想；德國的數學家哥特佛萊德・萊布尼茲（Gottfried W. Leibniz）將此種思想轉換爲2進位法，並首次引進西方。在今日2進位法（也稱二進制）被用來作爲驅動電腦的基礎原理使用。

古代人類一開始只數到2，並將多於2的個數單純地稱爲「很多」。非洲的俾格米人在數1、2、3、4、5時，會說「啊、喔啊、嗚啊、喔啊喔啊、喔啊喔啊啊」。在澳洲和新幾內亞間居住的原住民巴布亞人則以「嗚拉澎、喔扣沙、喔扣沙嗚拉澎、喔扣沙喔扣沙、喔扣沙喔扣沙嗚拉澎」表示1、2、3、4、5。

不過大部分數字的讀音都和五隻手指頭有關。舉韓語的數字讀音來說，「1（하나, hana）、2（둘, dul）、3（셋, se）、4（넷, ne）、5（다섯, ta so）」當中的1源自「日（해, he）」；2是「月（달, dal）」；3是表示年的「歲（세, se）」；五是從將手指頭彎起數數時「手指頭全部關起來」而來；而十（열, yon）則出自再次將「手指頭打開」。

雖然古人會寫數字，也會出聲數數，但他們對於數字仍有許多不解。人類從很早以前，就能用數字數算或表示眼睛可見的東西，卻沒有標記「不存在這世界的事物」的需

要。但是隨著文明和社會日益發展，需要表示「什麼也沒有的狀態」的情況增加，也就是說，有需要用數字來表現「無」。

據悉第一個發現「無」的地方是1800年前的印度。當然，在那之前，許多地區也已知道——為了在正確的位置標示其他數字，需要某種扮演區別者角色的記號。但印度人卻是最先發現「0」除了區別者的角色外，還具有其他更多的意義，並且為實數的事實。

「無」或是「空白」在梵語中是「順亞」(Shûnya)，而順亞是「不在」的意思。順亞這個字本來的意思包含了空白、天空、空氣和空間。因此，為了表示如個位、十位、百位等數字的要素之一「不在」的數學概念，印度的學者認為順亞這個字不僅適合用在數學觀點上，也適合用在哲學的觀點，這就是今天我們稱為0的數字。並且，在印度曾有四種用來表示0（空、無）的樣態和名稱。

第一，代表0，字面意思有「空虛的空間」的「順亞卡」，是使運算變為可能的0的舊稱之一，是在數字的表示方法中，為了表示各單位的不在而以空白顯示。也就是說，「102」是藉由1和2之間有一個順亞卡來表示「一百零二」。

第二，代表0，字面意思為「空的圓」的「順亞－夏庫拉」，是現今的印度和南亞全域仍使用的名稱。

第三，代表0的「順亞－屏土」，意思是「零－點」，是喀什米爾一帶仍沿用至今的名稱。超越了純粹的幾何和數學的層面，順亞－屏土被印度教徒視為提供創造能量、能孕育一切的圓點。

第四，代表0的「順亞－三加」，意思是「空－數」。0概念的發展使它成為超越「不在的定義」的簡單記號，進展成意指「無量」的一個完整的數字；表示無量的正是順亞－三加。

如前面所介紹的，因為表示0的四種名稱全都有「順亞」，因此一般將0稱為順亞。

現在看來很理所當然，但印度的數學家婆羅摩笈多（Brahmagupta）是第一個將0定義為「相同的兩數相減所得之數」的人。這個說法當時在印度以外的地區並不被接受。就好像有兩個麵包時，若將麵包全部吃掉，則什麼也不

剩，因此要用某種標示或記號來表示什麼也沒有的概念令人無法想像。事實上，因為數學是蒐集並整理自然或社會現象中的客觀事實，而被說是「有發現但無發明」。但是0在數學中可說是「數學中的發明」。這項發明是將眼睛看不見、什麼也沒有的狀態，變成眼睛可視的劃時代事件。

0的發明造就了今日數學的起點。0超越了單純的「無」，發揮了分別這邊和那邊的「區分者」作用，也被作為提示某種基準的表示方式。就像比0大1為1、比1大1為2、比2大1為3一樣；從什麼也沒有的0開始，每增加1時，數字會漸漸變大。那麼若將想法倒過來，每次減少1的話，會變怎樣呢？很顯然比3小1為2、比2小1為1、比1小1為0，但比0小1會變成什麼呢？

想出能用數字0來表現什麼也沒有的狀態的人類，也輕易地解決了這個問題，那就是使用負號（-）。以0為基準，若是比0大的數則加上正號「+」，若比0小則加上負號「-」，於是0成為了將數字區分為「正數」和「負數」的界限。然而直到17世紀為止，負數都不被承認為數學中的數字。

就連知名哲學家暨數學家的帕斯卡也說過，不可能有比什麼也沒有的狀態更小的數，而不承認負數。德國的科學

家華倫海特（Fahrenheit）甚至製作了不使用負數的華氏（℉）溫度計。現在我們主要使用的溫度計是攝氏（℃）溫度，是測量水從結冰的溫度到沸騰的溫度為止，分為100個區間的溫度計。如此一來，比水的冰點更低的溫度必須用負數表示才行。但是，華氏溫度計被設計成不論氣溫下降到多低，都不會降至0度以下。

　　像這樣，0用了很長的時間才出現在這個世界上；而負數花了更長的歲月，才被承認為數字。

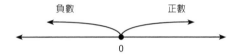

　　然而，數學家們是一群怎樣的人呢？可說是能將不存在這世上的事物變為存在，能將眼睛看不見的事物變為可以想像，並能將看得見的事物變得看不到的人們吧。他們將幾何學加入數字中，並設計了如上方以0為基準點的數線。

　　由此延伸，笛卡兒將兩條數線垂直相交，導入了坐標平面（坐標系），並利用坐標平面促成了當時全新種類的數學——解析幾何的誕生。若簡單說明解析幾何，就是把原本只能單純用圖畫表現的圓形，透過像$x^2 + y^2 = r^2$的方程式表示，並能藉由解開此二次方程式得出圓的性質。

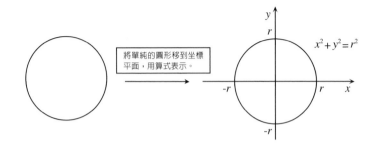

將單純的圓形移到坐標平面，用算式表示。

$$x^2 + y^2 = r^2$$

在數學中，0也可以說是圓形的象徵。另外，當圓形象徵太陽，則代表男性的力量；當圓形象徵靈魂或心靈，或是環繞大地的海洋，則代表如母親一樣的女性的溫柔。

有中心的圓形代表著完整的週期、圓圈的圓滿和所有存在可能性的解。尤其，有被標上中心的圓形象徵太陽，若依此邏輯，則中心有軸的輪子就像是太陽。事實上，太陽崇拜是歷史最悠久也最廣布的偶像崇拜之一，能在主導了古代文明的所有民族中發現。並且，太陽和輪子都是圓形，使人類能賦予圓形特別的意義。因此太陽、輪子和數字0，是為人類思維和生活帶來重大影響的三個圓。

在今日，0不再是單純表示「無」的數字。因為0位於負數結束的點，又同時處於正數開始的點，所以0既是結束也是開始。其實，0的形狀本身也無法分辨哪裡是開頭、哪裡是結束。也就是說，在畫0時，因為起點就是終點，終點也是起點，從哪裡開始畫都可以。此外，0也是比較大和小、多和少、長和短的基準。

現在被視為理所當然的0雖然非常單純，但的確是造就文明並使其發展的人類的偉大發明。並且，數學家只透過思考便實現了這一切。**數學家的思想能讓我們看見不存在這世界上、眼睛不可視，更無法被使用的某個對象。因此可以說，數學家的思考引領著一個偉大文明的發展。**

19

古印度有趣的
畫線乘法

乘法

　　原始人類在沒有數字的情況下，僅憑數學思維就開始進行四則運算。雖然對於今日能自由使用數字的我們而言很難想像，但聰明的原始人類單純地透過將石頭從這頭移到那頭，來做加法和減法的計算。

　　那麼乘法又是怎麼做的呢？計算方法有很多種，其中古印度使用的、名為「畫線」的方法尤其有趣。這個方法源自古印度的吠陀數學。下面就簡單地整理一下古印度的歷史，並嘗試用曾為吠陀數學一部分的畫線法來進行乘法運算吧。

　　印度地區歷經新石器時代，為文明的誕生奠定了基礎，並於西元前3300年左右在印度河形成文明。印度河流域文

明始自西元前約3300年到西元前1300年左右，之後又分出持續至西元前1900年左右、青銅器時代的哈拉帕時期，和銜接其後、稱為「吠陀時代」的鐵器時代。

據說，印度河流域文明是今日生活在南太平洋島嶼上的玻里尼西亞人祖先——達羅毗荼人所開創的。隨著文明的沒落，他們被趕出印度北部地區，並遭驅逐到南部地區。將達羅毗荼人趕到南邊的雅利安人，在梵文中有「貴族」或「地主」的意思。

雅利安人進入印度的時間點，約在西元前2000年；進入印度河流域文明圈的時間點，是西元前1500年左右。採遊牧生活的雅利安人隨著人口逐漸增加，自然地遷移至印度，生活方式也從遊牧轉變為定點，而漸漸和原本住在那裡的達羅毗荼人形成對立。雅利安人身形高大又勇猛，還會使用戰車；達羅毗荼人則是體型矮小、性情平和的農耕民族，也因為這樣，才被雅利安人趕出印度河流域，移居到南方。從此，印度歷史的主角變成了雅利安人。

雅利安人進入印度的經過和他們的生活情況，可透過被稱為雅利安文學名作的《吠陀經》來了解。據推測，《吠陀經》最早是靠口耳相傳，流傳很長一段時間後，才被寫成文字保留下來。《吠陀經》雖不是數學著作，但它包含了許多為了建造祭拜用的神殿或祭壇等，所必須的幾何學內容。

在《吠陀經》中，有關數學最重要的部分是形同其附錄的《吠陀支》。《吠陀支》涉及語音學、語法學、語源學、韻律學、天文曆學和儀軌（禮法規矩）等六個主題。其中，可以從天文曆學和儀軌中找到有關當時數學的資訊。

另外，《吠陀支》中和天文曆學相關的部分稱爲〈占星學〉，和儀軌相關的部分稱爲〈祭壇建築法規〉。〈祭壇建築法規〉字面上的意思是「繩子的規則」，所以也稱作〈繩法經〉，詳細記載著透過編捻繩子建造祭壇的幾何方法，就跟埃及人建造金字塔時所用的方法一樣。另外，從〈祭壇建築法規〉的內容可以推測出，雅利安人已經知道畢氏定理。

包含《吠陀經》在內，印度的文獻資料大部分是以碑文（雕刻在金屬板上的文字）或手稿的形式流傳下來，至今仍保存良好。刻在石碑、金屬板上或轉錄時使用的古印度文字，可大致分爲「佉盧文」（也稱作犍陀羅文）和「婆羅米文」（也稱作波羅密文）。

佉盧文於西元前3世紀到前6世紀，出現在印度西北部；到了西元7世紀左右，因中文的記載，才被正式稱爲佉盧文，但現今已被簡化統稱作印度文；儘管此文字是在西元前3世紀阿育王所立的碑文中首度發現，但至今爲止所發現的其他阿育王的碑文，全都是用婆羅米文所寫成。而我們所使用的印度數字的書寫形式，也同樣經歷了類似的文

字變遷。此外，和這些數字一同在印度地區發展起來的數學被稱作「吠陀數學」。換句話說，吠陀數學的根基是建立在古代的《吠陀經》上。

但因為印度不是世界文化的中心，吠陀數學並不為人所知。直到進入20世紀後，隨著對印度研究的興盛，吠陀數學才因新奇、快速的計算方法受到矚目，並成了許多人認為能提升計算能力和數學實力的祕技，還在各國掀起一股學習熱潮，例如19乘19乘法。雖然只要懂得吠陀數學的原理，就能理解多種不同的計算方法，但它是否有助於提升數學實力，仍有待商榷。

吠陀數學中有很多有趣的計算方法。例如以456和579相加的情況來說，為了將兩數相加，要依下圖的方式，先在計算紙的下方依序寫下要相加的兩數。早期印度的計算法是按照吠陀數學的原理實行，其加法和今天我們所使用、由右加至左的方式不同，而是由左加至右。

若將百位數的兩數4和5相加，則4+5=9，所以將9寫在百位數的4上方。接著，十位數的兩數5和7若相加，則5+7=12，所以兩數的百位數相加的和9變為10，並在十位數的5上方寫上2，意即畫掉9並寫上102。最後，個位數的兩數6和9若相加，則6+9=15，所以把十位數相加得到的2畫掉變成3，得到答案1,035。

$$1035$$
$$10\cancel{2}$$
$$\cancel{8}$$
$$456$$
$$579$$

　乘法有很多種計算方式，讓我們用569×5為例，來看看其中一種方法吧。這種方式和加法一樣，由左計算到右。開始前，先在計算紙的下方寫上569，並在同一行的右邊寫上要乘的數5。首先，百位數的5乘以5，則為5×5=25，所以如下圖所示，在569的百位數的5上方寫上25。接著，十位數的6乘以5，則為5×6=30，所以將前面得到的25的5加上3並寫上8，於是569的上方就會寫有280。最後，個位數的9乘以5，則是5×9=45；原本累積的數字280中，若將最後一位數的0改成4，則個位數為5。因此，最後2,845會出現在計算紙的最上方。

$$2845$$
$$28\cancel{0} \quad -$$
$$2\cancel{8}$$
$$569 \quad 5$$

　若是像135×12這樣更複雜一些的乘法，則運用12=4×3，先用上面的方法求出135×4=540，再用所得的積乘以3得540×3=1,620的方式計算，或也可將135×10=1,350加上135×2=270，而得出1,620。

　在吠陀數學中，有很多像這樣有趣的計算方法，其中有

一種更是不需要數字也可以計算乘法的「畫線乘法」。此方法並不包含所有乘法的正確概念，但足以說明乘法的基本原理。也就是說，畫線乘法是源自沒有數字也想做乘法計算的數學家的思考。

又名為「分捆計數」的此一方法，可以從幾何的角度來說明。舉例來說，3×7是3+3+3+3+3+3+3=21，就和問下圖中的3條直線和7條直線共有幾個相交的點一樣。

兩數的乘積不用直接計算，只靠畫線也能簡單得出答案。讓我們用21×14來看看會如何？首先，為表示21，依下圖在左上畫2條斜線、右下畫1條斜線。

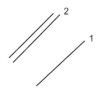

也就是在左上畫出和十位數字相同數量的斜線，在右下畫出和個位數字相同數量的斜線。像這樣以斜線畫出的下列四邊形中，為了表示14，依下圖在左下畫上和十位數字相同的1條斜線，在右上畫上和個位數字相同的4條斜線。

此時，最左邊的2個點表示百位數，中間的9個點表示十位
數，右邊的4個點表示個位數。因此21×14=294。

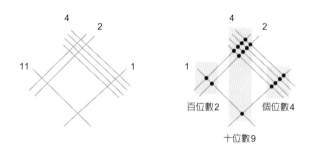

若想用這個方法計算24×23，可畫出斜線並數出線和線
交點的個數。百位數有4個、十位數有14個、個位數有12
個交點。若交點的個數多於10，則進位至前一位數來算
。

24x23=552

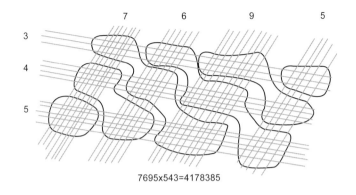

7695x543=4178385

　雖然畫線計算法不只能用在兩位數的乘法，但若要乘的數很大，則會有必須畫出和各位數數字相同數量斜線的困擾。因此在進行大數相乘時，畫線既不方便，且一不小心還可能漏數交點而得到離奇荒誕的結果。所以吠陀數學儘管很有趣，但在使用上確有許多不便之處，而為了消除這種不便，才有了我們現在所用的「直式乘法」。

20

古埃及人
如何使用分數？

分數

　　學習數學，能鍛鍊進行思考與理解的頭腦，而不是單純硬背解題方法的頭腦，簡單來說，就是我們能靠數學來鍛鍊頭腦。所以，學校把數學排入課程，並且隨著年級上升，數學漸漸充滿不是數字而是文字的算式。由於利用算式來推演邏輯的數學形式不分領域都可以使用，所以能有效地被應用。因此，不論什麼領域，只要使用數學思維並將需解決的問題轉換為算式的話，就能及時解決問題。

　　舉例來說，為了開發新的智慧型手機，雖然一開始是先用圖畫出智慧型手機的架構，但最後若不用算式做整理，就無法確認美觀、便利性、堅固度和性能。蓋建築物也一樣，一開始由建築師先畫出設計圖，但最後若不用算式做

整理，則無法確認是否真的能蓋起來，到最後必然會碰觸的領域就是數學。所以，**用數學鍛鍊大腦的意思，就是透過數學的思維過程解決所面臨的問題。**

正如智慧型手機和建築物，今日的數學大多在現實生活的末端不為人所知地扮演著自己的角色，但在古代，數學則是馬上被用在現實生活中並發揮作用。最具代表性的例子，是「分數的出現」。光是分數本身就有很多故事可以講，但這裡先來了解一下分數開始在古埃及被使用的背景吧。

當時，分數屬於相當困難的數學，而使用小數點表示小數字的小數還不存在。因此，需要用到能將情況變得不困難的數學家的思考。

古埃及的主食是麵包和啤酒，在買賣物品的商業交易中，麵包和啤酒扮演了貨幣的角色。由於當時沒有貨幣，必須精確地量出麵包和啤酒的量做交換，因而開始使用分數。古埃及的文物莎草紙上就記錄了分麵包和啤酒的內容。為了了解埃及人如何使用分數，先簡單地看看他們所用的數字吧。

古埃人使用10進位法，並有以下表示數量的符號，也就是數字。

從1到9是小棍子的形狀，10是手肘形、100是小螺旋、1,000是蓮花。當然他們還使用了幾個比這些更大的數字，但有這幾個就足以了解分數了。舉例來說，若用他們的數字表示1,492，則會如下圖所示；圖中有1個1,000、4個100、9個10、2個1，所以是1,492。

1000+400+90+2=1492

現在我們不覺得分數棘手，但對於當時的埃及人而言，分數的計算是非常困難的。因此他們透過生活中最頻繁接觸的分麵包來表示分數並計算。將一塊圓形的麵包平均分給3人時，一人份的 $\frac{1}{3}$ 用圓麵包圖樣下方畫上代表3的三根小棍子的「﹃」表示。$\frac{1}{4}$、$\frac{1}{5}$、$\frac{1}{6}$……也同樣是在圓麵包圖樣下方將要分享的人數用他們的數字來表示。舉例，一個麵包分給12人時，一人份的 $\frac{1}{12}$ 是「﹃」，而一個麵包分給2人時，一人份的 $\frac{1}{2}$ 畫成「﹃」。特別的是，古埃及人常苦惱一個麵包要分給幾個人，所以總是只使用分子為1的單位分數。

紀錄了古埃及人如何使用分數的最古老的書籍是《萊因德數學紙草書》。《萊因德數學紙草書》是埃及王室書記官阿默斯在大約西元前1700年左右所寫的數學著作。

在此書的第一章，有一張只用各分子為1的單位分數，來表示將2除以從3到101的奇數值的符號表。其中，只有 $\frac{2}{3}$ 是例外。事實上若根據他們的分數表示法，你可能會猜 $\frac{1}{2}$ 是用「◠◠」表示，但這表示的是 $\frac{2}{3}$，並且如前面所介紹的，$\frac{1}{2}$ 是「◠」。古埃及人並未使用連今日的小學生都能輕鬆計算的一般分數，而是只用了分子為1的單位分數，唯獨 $\frac{2}{3}$ 因為像單位分數一樣有親近感所以照樣使用。

那麼，接下來讓我們用下方的圖來看看用單位分數表示像 $\frac{2}{5}$ 或 $\frac{2}{7}$ 等分數的方法吧。

首先，$\frac{2}{5}$ 可以想成是將兩個圓形麵包均等地分給①、②、③、④、⑤五個人。那麼只要將兩個圓形麵包各分成3等分，並給五個人每人一塊，再將六塊中剩下的一塊分成5等分並給五個人每人一小塊即可。然而，之後分成5等分的部分，是一開始分成3等分後又再分成5等分的，所以最後等於是15等分。因此，給每一個人的麵包是一開始給的 $\frac{1}{3}$ 和之後分出的 $\frac{1}{15}$。因此，如圖所示 $\frac{2}{5}$ 是 $\frac{1}{3}$ 與 $\frac{1}{15}$ 的和。

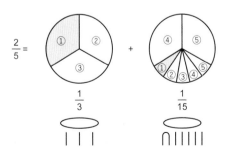

同樣地 $\frac{2}{7}$ 的情況也能如下圖得知 $\frac{2}{7} = \frac{1}{4} + \frac{1}{28}$。

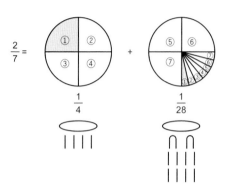

在埃及有個關於單位分數的有趣傳說。古代人用迷信而非科學來解釋自然現象，對於無法說明的存在則是感到敬畏。因此不論是哪個民族，太陽、月亮、高山、海洋等大多都被賦予神話。尤其是埃及人崇拜太陽，並認為太陽是「神的瞳孔」。所以他們創造了荷魯斯之眼，也就是「荷魯斯神話」。

荷魯斯神話隨著天空之神努特和大地之神蓋布生下陰間之神歐西里斯展開。歐西里斯是在古埃及發展為文明大國中，扮演了重要角色的——法老王。但是風暴和沙漠之神塞特因為覬覦哥哥歐西里斯的王位，而將他殺害。歐西里斯的妻子伊西斯使丈夫復活、讓他成為冥王，並和他生下了一個兒子荷魯斯。

荷魯斯成年後爲了替父親報仇而和塞特對決，並在打鬥中失去了左眼。塞特將荷魯斯的左眼分成六塊丟進沙漠裡，所幸智慧之神托特最後重新找齊了破碎的荷魯斯之眼。因此荷魯斯的右眼象徵太陽，左眼則象徵治癒和月亮。

古埃及人用單位分數 $\frac{1}{2}$、$\frac{1}{4}$、$\frac{1}{8}$、$\frac{1}{16}$、$\frac{1}{32}$、$\frac{1}{64}$ 來表示破碎的荷魯斯之眼。若將荷魯斯之眼中所有的分數全部相加，則得結果如下。

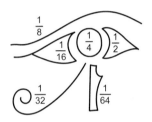

$$\frac{1}{2} + \frac{1}{4} + \frac{1}{8} + \frac{1}{16} + \frac{1}{32} + \frac{1}{64} = \frac{63}{64}$$

因此人們相信成爲1所需的 $\frac{1}{64}$ 是由找齊荷魯斯之眼的托特補滿的。古埃及人稱荷魯斯之眼爲「烏加特」，意思是「完美無缺的眼睛」。他們將荷魯斯之眼視爲最棒的護身符，並把它放在木乃伊裡或做成裝飾品，當作護身符隨身攜帶。去過埃及旅行的人，應該都看過許多活用了荷魯斯之眼的紀念品。

還有一個用單位分數分配遺產的古老故事。一名有三個兒子的商人擁有17頭駱駝，商人去世時留下遺囑；17頭駱駝分別給大兒子 $\frac{1}{2}$、二兒子 $\frac{1}{3}$、小兒子 $\frac{1}{9}$。於是三兄弟想分配17頭駱駝並各自拿 $\frac{1}{2}$、$\frac{1}{3}$、$\frac{1}{9}$，但17用2、3、9哪個數字都無法整除。結果三兄弟爲了駱駝起了爭執，這時候正好有個數學家經過，他將自己所騎的駱駝借給三兄弟並且說道：

「因爲一共有18頭駱駝，大兒子拿走18的 $\frac{1}{2}$ 的9頭，二兒子拿走 $\frac{1}{3}$ 的6頭，小兒子拿走 $\frac{1}{9}$ 的2頭就行了。」

然後那名數學家便將自己的駱駝給了三兄弟，但是因爲9+6+2=17頭，於是他又把自己的駱駝牽了回去。

在這個故事中，數學家使用了單位分數來做分數的計算。也就是說，因爲17頭駱駝除以2、3、9的最小公倍數18爲 $\frac{17}{18}=\frac{1}{2}+\frac{1}{3}+\frac{1}{9}$，所以能照父親的遺囑分配。像這樣，難以處理的問題也能透過數學思維輕鬆解決。

21

歐幾里得
正確也不正確

幾何學

　　西元前400年左右，希臘世界因為持續的戰爭，導致農事荒廢、貧富差距大而漸漸進入衰退期。此時新勢力強者崛起，就是北部邊疆的馬其頓王國。馬其頓王國的腓力二世在西元前338年的喀羅尼亞戰役擊敗以雅典和底比斯為中心組成的希臘聯軍，掌握了希臘地區的霸權。

　　腓力二世的兒子亞歷山大，年紀輕輕就即位馬其頓王國國王，並在西元前334年，率領馬其頓和希臘聯軍進攻波斯帝國。西元前330年，亞歷山大徹底摧毀了波斯帝國，並將波斯波利斯城焚燒殆盡。然而，亞歷山大企圖繼承波斯帝國，而與波斯公主斯妲特拉二世結婚，並讓80名大臣和1萬名兵將也和波斯女性結婚。

在遠征途中，亞歷山大建造了約70座新城市，並將它們命名為「亞歷山卓」，意思是「亞歷山大之城」。

建立了龐大帝國並創造了新文化的亞歷山大，在一趟過度操勞的印度遠征途中因高燒去世，享年32歲。由於他的死亡太過突然，王國的體制尚未完善，導致繼任者將軍之間爆發了一場權力鬥爭。包含埃及在內的領土由亞歷山大的左右手托勒密統治，他將亞歷山卓定為首都，並設立了名為「繆斯神廟」的研究機關。這個新的教育機關招聘了當時希臘世界幾乎所有被稱為傑出學者的人，其中包含了數學家歐幾里得。

托勒密向傑出數學家歐幾里得學習幾何學，但因幾何學太困難，於是他問歐幾里得：

「難道沒有能簡單學習幾何學的方法嗎？」

於是歐幾里得回答他：「王啊，雖然道路有讓王走的御道，但在幾何學可沒有御道。」

我們常說「學習沒有御道（捷徑）」，其實「御道」是西元前330年被亞歷山大大帝摧毀的波斯帝國所修建的道路。

下圖是西元前525年，統一東方的波斯阿契美尼德帝國

（波斯第一帝國）的地圖；從政治中心蘇薩連接到薩第斯的道路正是御道。

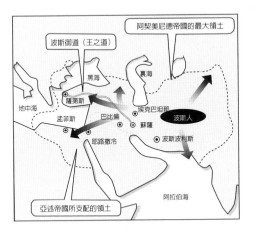

波斯帝國時代
波斯御道地圖

　　波斯帝國主要的三大城市為：定為政治中心的首都蘇薩、作為冬宮的巴比倫和夏宮的埃克巴坦那。波斯國王還修建了連接蘇薩和與地中海相鄰、小亞細亞的薩第斯間約2,400公里的道路，並在每25公里左右設置驛站，以便換乘馬匹。一般人若從蘇薩步行到薩第斯約要花3個月，但這條路是為了傳達國王的命令而修建，所以國王的使者或軍隊只需要一週就能走完這段路。可想而知，當時若是走這條路會有多快。這就是「王之道」，也就是「御道」。薩第斯就位在現今土耳其的伊斯坦堡南邊的伊茲密爾地區，而蘇薩則位在伊拉克巴斯拉的北部地區。

　　修建御道的西元前600年左右到西元前300年間，也是數

學歷史中非常重要的時期。在這個時期，歐幾里得透過他的著作《幾何原本》，將既有的數學統整合併，並發展了和無窮小量（不可分量）、極限和輾轉相除法等相關的數學概念。並且，過去曾被用來意指數學的幾何學，也從研究圓和直線發展為研究曲線和曲面的高級幾何學。

歐幾里得傾注心血的《幾何原本》共有13冊，內容不僅非常出色豐富，更是第一本應用了今日數學所使用的公理系統的書。在數學系統化的歷史上，這是第一樁重大事件。此書是除了《聖經》之外，最廣泛使用和研究的書籍，並影響了2000多年來所有的數學教育。自1482年首次印刷以來，我們至今仍在學習《幾何原本》的內容。並且，以《幾何原本》為基礎建構的幾何學被稱為「歐幾里得幾何」，例如下述幾個我們在學校學習的內容就是歐幾里得幾何：

- 平行線不會相交。
- 三角形的內角和為180度。
- 連接兩個點的最短距離是線段。
- 圓是離一個點等距的所有點的集合。

然而，因為《幾何原本》太出色，也產生了一些問題——這本書的出現，非常迅速又完美地取代了所有的相關

書，導致比它早出版的數學書都沒有留存下來。因此，我們對於歐幾里得之前的數學著作或內容到底是誰的成果，知道得很有限，只能從歐幾里得之後的作家們的註解略知一二。

　　歐幾里得在《幾何原本》中分別介紹了以下五個公理和公設 (設準)。現在，公理和公設的使用並未嚴格區分，但在歐幾里得時代，公理是所有學問中人人承認爲眞的普遍眞理；公設則是在像數學一樣的特定領域中受到認可爲眞的眞理。

　　〈公理〉

　　公理1. 等同於相同事物的事物彼此相等。

　　公理2. 若等同物加上等同物，則其和相等。

　　公理3. 若等同物減去等同物，則其差相等。

　　公理4. 能完全重合的兩事物彼此相等。

　　公理5. 整體大於部分。

　　〈公設〉

　　公設1. 從任意一點到任意的另一點可以畫直線。

　　公設2. 一條有限的直線可以無限延長。

　　公設3. 能以任意點爲圓心畫圓。

　　公設4. 所有直角彼此相等。

公設5. 一條直線和另兩條直線相交時，若同一側兩個
　　　內角和小於兩個直角，則兩直線無限延長時，
　　　會在兩內角和小於兩個直角的那一側相交。

前面的公設中，我們要留意的是「平行線公設」的「公設5」。數學家們針對第5項公設產生不同見解，而創造了另一種幾何學。

基於「前述公理和公設皆正確的」假設上所建立的歐幾里得幾何，是高中為止所學的幾何學。相反的，不是歐幾里得幾何的情況稱為「非歐幾何」。即「針對前面的公理和公設，和歐幾里得想法不同」所得到的幾何學。

透過對傳統所信抱持建設性的懷疑，不可思議的原理——非歐幾里得幾何——就此誕生了。愛因斯坦在被問到是怎麼發現相對論時，他回答：「藉著懷疑公理。」哈密頓與凱萊懷疑了乘法交換法則的公理；哥白尼懷疑了地球是太陽系中心的公理；伽利略懷疑了較重的物體會先落地的公理。羅巴切夫斯基和鮑耶則是因為懷疑了歐幾里得的平行線公設，而發現了非歐幾何。

像這樣，對於公理的懷疑已成為造就數學發展的普遍方式，而康托爾（Cantor）也以「數學的本質在於思想的自由」說明數學的特性。

由於我們太直觀地接受歐幾里得幾何，沒認知到它是基

於「公理」或「公設」的公理系統的事實。因此，歐幾里得幾何在所有科學中一直被視爲絕對，直到19世紀，不是歐幾里得幾何的「非歐幾何」才被想出來。

要想正確理解我們所學過並認識的歐幾里得幾何，就更需要介紹簡單又有趣的非歐幾何。最常舉的例子，是「計程車幾何學」。爲了理解計程車幾何學，首先來了解一下歐幾里得幾何如何定義兩點之間的距離吧。

在歐幾里得幾何中，我們普遍對點、線、面、距離、角度等很熟悉。其中，兩點間的距離爲連接兩點最短的長，並可以利用直角三角形的畢氏定理求得。也就是說，如下圖，坐標平面上兩點$A(a, b)$和$B(c, d)$之間的距離$d(A, B)$爲直角三角形ABC的斜邊AB的長，所以由畢氏定理可得$d(A, B) = \sqrt{(c-a)^2 + (d-b)^2}$。

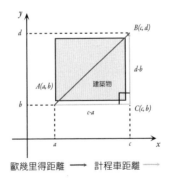

現在試著將情況想成是在棋盤式街道的城市，要從A點

搭計程車到B點。然而，上圖中兩點間有建築物時，若想搭計程車從A點到B點，無法穿越建築物直行，而須繞道，從A經過C點再前往B點，也就是說，兩點間的計程車距離若用$d_T(A, B)$表示，則為$d_T(A, B) = |c-a| + |d-b|$。

這種測量距離的方式稱為「計程車距離」。一個xy平面使用的若是歐幾里得距離，則叫作「歐幾里得平面」；若使用計程車距離，則稱為「計程車平面」。然而現實生活中，用計程車距離測量兩地點間的距離更符合實際，並且在計程車平面上，歐幾里得幾何的內容並不正確。所以，計程車幾何學即為非歐幾何。

歐幾里得幾何中有以下的三角形的全等公理（SAS）。

「兩組對應邊的長度和其夾角大小各自相同的兩三角形為全等。」

對應的兩條邊長度各別等長，且其夾角大小相同時，SAS全等成立。

在計程車平面上，於歐幾里得平面成立的三角形的SAS全等不成立。同理，在歐幾里得幾何中成立的另外兩個三角形的全等公理，在計程車幾何學中也不成立。

另外，我們在小學學到的菱形為「四邊等長的四邊

形」，且最具代表性的菱形性質是「兩對角線互相垂直相交」。但在計程車幾何學中，菱形並不符合此性質。

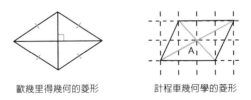

歐幾里得幾何的菱形　　　　計程車幾何學的菱形

左圖是我們所知的菱形，即兩對角線垂直相交；右圖各邊的計程車距離為3的菱形中，兩對角線在A點相交。由圖中可見，兩線並非垂直相交。

如上述情況，計程車幾何學和歐幾里得幾何有許多相異點。兩種幾何學彼此截然不同的部分，是在和圓相關的內容上。事實上，我們所知道並在現實生活中使用的圓形，是根據歐幾里得距離得出的圓形。圓形的定義是「與某一定點等距的所有點的集合」，並將此定點稱為圓心，一定的距離則稱為圓的半徑。如果把圓形的定義直接搬到計程車平面上，出現的形狀還會是我們所知的圓形嗎？

來看看在xy平面上畫出圓心為$(0, 0)$、半徑的長為3的計程車圓吧。因為半徑的長為3，所以在計程車平面上，圓形為滿足$|x| + |y| = 3$的所有點(x, y)。

下面是將滿足此方程式的所有點標在計程車平面上，

而出現的圖形；計程車圓並非我們所認識的圓形，而是兩條對角線等長的菱形正方形。計程車圓和兩對角線與坐標軸平行、歐幾里得平面的正方形相似；此外，以原點外的點作為圓心時，計程車圓也同樣為正方形。舉例，圓心為 (2, 1)、半徑為2的計程車圓可以表示為 $|x-2|+|y-1|=3$，而這是將前面的圖形沿 x 軸平行移動2、沿 y 軸平行移動1之後的圖形。

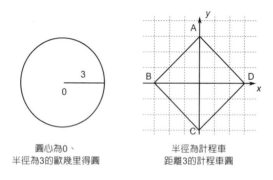

圓心為0、
半徑為3的歐幾里得圓

半徑為計程車
距離3的計程車圓

計程車幾何學和歐幾里得幾何一樣，可以處理各種不同的幾何內容，但和我們至今在學校所學的幾何學大不相同。計程車幾何學也告訴我們，**數學不是規定好的，而是創造而來的。透過這樣了解數學，可以打破局限於固定格局的思維框架，進行創造性思考。**

22

金字塔的
完美幾何圖

作圖

　　西元前3000年左右，美尼斯王統一了上下埃及。其後，王就被稱為「法老」，意思是「住在大房子裡的人」，並主張法老的權利是由神賦予的。特別是美尼斯王為了展現神賦予他的權威，而開始建造死後用來供奉他的金字塔。

　　在古埃及，因為最高統治者的法老猶如神的存在，所以神職人員認為，必須興建法老死後靈魂要住的房子──金字塔。目前所留下關於金字塔最悠遠的紀錄，可以在希臘歷史學家希羅多德所寫的《歷史》一書找到。若根據此書，為了完成吉薩金字塔群，由10萬人每3個月交替一次，蓋了20年才完工。裝飾其外觀的石材間隙，最寬也只有0.05公分左右，是用很高超的技術建成的。而金字塔的

名稱，則是從希臘語的「pyramis」（三角形麵包）衍生而來。

畢達哥拉斯學派偉大的成果中，和「無理數」有關的內容最爲有趣。若根據他們的主張，這世界所有的一切都能用整數和整數的比例來表示。然而，之後他們發現了自己的主張有錯。或許是因爲無法相信這項事實，才沒有公開發現無理數的事？儘管如此，畢達哥拉斯學派仍在正五邊形中畫有一個星星的形狀作爲學派象徵，因爲星星的任何一邊都能「黃金分割」與其相交的另外兩邊。

黃金分割可以在埃及金字塔中找到，又被稱爲「黃金比例」。考慮到黃金比例是一個無理數，而想隱藏無理數存在的畢達哥拉斯學派，卻以正五邊形內畫有一個星星的圖形做標幟，不免有些諷刺。

再回到埃及人的故事，埃及人爲法老建造了精巧的金字塔；蓋金字塔的具體方法至今尚未被明確證實，但可以從建築物的建造方式做推測。

埃及的建築師們爲了讓規模龐大的金字塔能蓋得端正，不只畫了金字塔的設計圖，還知道如何放置從採石場搬運來的石塊，使其邊緣能與地面完全垂直。據推測，金字塔的設計圖比起現代精細的建築設計圖，應該算是草圖而已。

為了蓋出和設計圖一樣尺寸的建築物，金字塔的建造者必須知道如何將設計圖上的內容正確標示，以及如何在現場基地搭建金字塔的一切方法。為此，金字塔的建築師們活用了今日我們稱為幾何學的實用測量技術。

　　在建造金字塔時，最大的難題是要將金字塔的底蓋成完美的正方形。畫在地面上的四方形，只要某一邊的長度大於另一邊，或是四個角中，有某個不成直角的話，底面就不是正方形；否則當將金字塔堆到頂端時，頂部將無法完全吻合。所以，搭建金字塔時，只要有一層出現誤差，當石頭越往上堆砌，誤差範圍也會越來越大。建築師們需要很精準地測量並精確地畫出直角，為了畫出直角，他們所使用的方法正是「作圖」（Construction）。

　　埃及人利用作圖，在要蓋金字塔的地面畫出完美的正方形，並在上面整齊地堆砌石塊。活用了作圖所建成的大金字塔，東側的底邊長為230.391公尺；西側的底邊長為230.357公尺；南側的底邊長為230.454公尺；北側的底邊長為230.253公尺。當時並沒有像今日一樣精密的測量儀器，卻能將金字塔四邊的長蓋得幾乎一致，實在令人驚訝。並且，構成金字塔底面的四方形，除了微乎其微的誤差，四個角都是90度。

　　古埃及人不僅靠作圖來製作直角三角形，他們也利用作圖正確找出東、西、南、北四個方向。他們將日出和日

落的方向分別定爲東方和西方，並將兩點用直線連接後，依和前面相同的方法作圖，繪出該直線的垂直線，並訂出北方和南方。藉此，他們能定出彼此完全垂直的東、西、南、北四個方向。

古埃及人要是不懂幾何學，是無法建造出如此精確的金字塔的。然而，埃及人驚人的數學實力，成了改變世界歷史的重要工具。托此之福，我們今天才能看到宏偉的金字塔。

在作圖中，數學家最關心的問題是尺規作圖三大難題（也稱作幾何三大問題，目前在數學上都被證明是不可能的）。尺規作圖三大難題如下：

① 將任意的角分爲三等分。
② 畫出一個和已知的圓面積相同的正方形。
③ 畫出一個體積爲已知立方體體積兩倍的立方體。

其中，最後一個問題，有個和世界歷史相關的有趣故事。

希臘地區自西元前500年左右起，共遭波斯侵略三次，但每一次都成功防守住。其後，爲了防範波斯再入侵，希臘地區的200多個城邦以雅典爲中心，組成了提洛同盟。雅典的領袖伯里克里斯利用提洛同盟重建了雅典。在那之後，雅典的霸權得到鞏固，在長達半世紀的和平期間，雅

典進入了歷史的黃金時期。於是，伯里克里斯和蘇格拉底所在的這座城市成了民主和知識發展的重鎮，並有許多學者從希臘世界的各地前來聚集於此。

愛奧尼亞學派的傑出人物阿那克薩哥拉定居雅典；離散的畢達哥拉斯學派重新回到雅典；伊利亞學派的芝諾和巴門尼德也來到雅典教書。並且，來自希俄斯島、愛奧尼亞學派的希波克拉底造訪了雅典，在那裡出版了第一本與幾何相關的著作，並獲得了作家的聲譽。

然而，提洛同盟打破了城邦自立的傳統，害怕雅典獨大的幾個城邦以斯巴達為中心，與雅典進行對抗。終於，在西元前431年，雅典和斯巴達爆發了伯羅奔尼撒戰爭，希臘的和平時代也隨之落幕並陷入爭戰。一開始，勝利女神看似站在雅典那邊，不料突然爆發了一場可怕的傳染病，帶走了雅典 $\frac{1}{3}$ 人口的性命。

最後，西元前404年，雅典屈辱地向斯巴達投降。要是沒爆發傳染病，伯羅奔尼撒戰役就會以雅典人的勝利告終，而斯巴達則會更早衰落。此後歐洲颳起的民主風向，改變了世界的歷史。

為何雅典偏偏在那時候爆發傳染病呢？

可怕的傳染病開始在古希臘蔓延開時，因為醫學還不發達，人們認為這肯定是神降下的災禍，於是人們決定去神殿聽取神的啟示。當時眾神的祭壇中，最常傳出預言或神

諭的地方，是德爾菲的阿波羅神殿，雅典人爲了獲得來自阿波羅神的某種解決辦法，前去拜訪了那裡並向阿波羅神提問。結果阿波羅神給了以下啓示：

「設立在我神殿前的正立方體祭壇，我很喜歡它的形狀，但大小不和諧。所以幫我換成和這個祭壇形狀相同，並體積恰好爲兩倍的正立方體。那麼災禍就會消失，戰爭也會得勝。」

雅典人聽了這則啓示，甚爲歡喜並決定改建祭壇。但是，即便新的祭壇完成後，傳染病仍然沒有趨緩。不知該如何是好的元老院長老們請了著名的數學家前來究明原因。數學家仔細看了看祭壇後這麼說：

「你們實在太愚昧了。將各邊的長變爲兩倍的話，體積會變成八倍；神的憤怒當然會增加。」

原來人們不知道若要將體積變爲兩倍，各邊的長該要變爲多少。那麼，若要將體積變爲兩倍，各邊的長究竟要增加多少才行？這就是所謂的德爾菲問題（倍立方問題），是關於正立方體倍率的問題。

約2000年間，尺規作圖三大難題都沒被解開，一直到

19世紀，三個問題才全被證明爲無法作圖。只能用尺和圓規作圖的歐幾里得幾何的傳統和限制，至今讓許多數學家吃了很多苦，但同時，爲了解開這三個問題而執著不懈的研究成果，也使幾何學的發展更上一層樓，像是圓錐曲線（圓、雙曲線、拋物線等）、三次平面曲線、四次平面曲線的發現等，影響甚至擴及代數領域。

　正如現代化學是從煉金術發展而來，若說現代數學發展是根基於數學上被嚴格證明不可能的尺規作圖三大難題也不爲過。此外，爲了完成這所有的證明，數學家們孜孜不倦地努力了將近2000年的歲月。

㉓

愛因斯坦的
愛情方程式

拓撲學

父母和子女間的愛、男女間的愛、朋友間的愛，所有愛情都是引領我們走向光明美好世界的力量。愛情用眼睛看不見，卻像是將彼此用強韌的繩子緊緊綁住的結一樣，一旦繫上就很難解開。如此困難繁複的愛情，卻被某個人用算式簡單破解了，那人就是被譽為近代最聰明的天才──愛因斯坦。

某一天，有位學生問愛因斯坦：

「博士，您發現了所有物體間皆適用的相對性原理並將其公式化。那麼人與人之間的愛情，也能用方程式表現嗎？」

一陣思考後，愛因斯坦寫出了以下「愛的方程式」：

$$Love = 2\square + 2\triangle + 2\bullet + 2V + 8<$$

並做了以下說明：

「不得已離開無法不走的路，而深感遺憾地回首的心！即使是條走不了的路，卻不由自主跟著走的殷切的心！那顆心就是愛。」

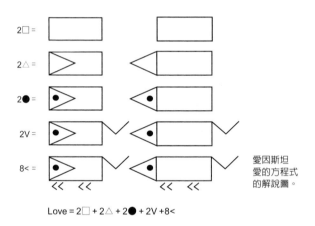

愛因斯坦
愛的方程式
的解說圖。

Love = 2□ + 2△ + 2● + 2V + 8<

　　愛因斯坦這個關於愛情、聰明幽默的公式，表現了愛情感性的一面。不過愛因斯坦是否真的說過這些話，已不可考；大概是利用他的名氣傳開的謠言吧。

　　那麼，我們真的能用數學來說明愛情嗎？

　　為了用數學說明愛情，首先必須了解「拓樸學」。簡單來說，拓樸學是和空間中的點、線、面和位置等有關，而

和質量、體積無關，只表現形狀或位置關係的數學領域之一。舉例來說，我們可以用泥土做一顆圓球，然後再次將球塑形成一根長棍或沒有手把的杯子。此時，形狀雖然從球體變成棍子或杯子，但前提是不會發生泥土變成沙子、鬆散，或是破洞等變形。

這種情況下，我們將圓球、棍子和沒有手把的杯子稱為拓撲學中的「同胚」。有洞的甜甜圈不是球的同胚；有洞的甜甜圈和掛有手把的杯子是拓撲學中的同胚。

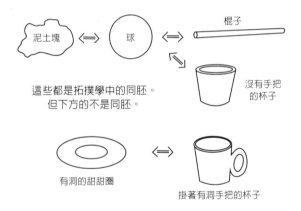

這些都是拓撲學中的同胚。
但下方的不是同胚。

有洞的甜甜圈

掛著有洞手把的杯子

拓撲學在許多方面都和符號邏輯學（symbolic logic & mathematical logic）密切相關，影響幾乎遍及所有數學領域，當然也包括以前被認為無法用數學方式處理的領域，像是機械裝置、地圖、配電網……影響計畫和控制複雜功能的組織設計。

1950年代末左右起，英國的數學家齊曼（E. C. Zeeman）首次將拓撲學應用在數學以外的其他科學領域。他透過製作

大腦的拓撲模型和解釋各種現象，引起了許多關注。受此刺激的托姆（R. Thom），想到了能將數學應用於生物學、物理學，甚至延伸到社會科學的方法，並在1973年末出版了《結構穩定性與形態發生學》（Stabilité Structurelle et Morphogenèse）一書。托姆在此書中，將突然的劇烈變化稱為突變（catastrophe）並整理出如何用數學掌握「突變」的方法。

然而，托姆關於突變的思想深奧難懂並過於哲理化，於是齊曼將托姆的理論用簡單並容易應用的方式做了解釋。齊曼在闡釋突變理論時，舉了「狗對敵人的行動」為例。這裡就讓我們用愛情來替代齊曼所舉的狗和敵人，簡單地了解突變理論吧。

假設現在有一對愛情正要萌芽的年輕男女。雖然很難用數值量化，但兩人對彼此的愛隨著時間越來越深；當然，在相戀的期間，兩人也吵了幾次架。

共築美好愛情的這對戀人，某天為了瑣碎的小事嚴重地吵了一架，於是生氣的女人對男人的愛情衰退了；想找回過往愛情的男人在思考該如何向女方請求和解後，決定寫一封信。

男人誠懇地寫了封簡短但滿腹真心的和解信，寄給心愛的戀人。讀完信，女人深受男人的真心感動，對他的情意再度湧現。結果，他們的愛情再次回溫且比以前更深厚。

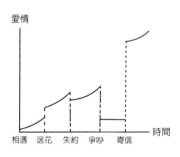 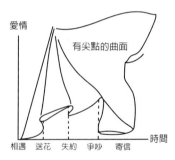

為了用數學表現這個故事，我們可以用如上方的圖表來表示。其中，橫軸是兩人交往的時間長短，縱軸是愛情的量。

左邊的圖表顯示的是不連續的現象；右邊的圖表則顯示包含這些現象曲面的存在。

由此圖表可以觀察到，兩人的愛情從相遇到送花為止持續變化的事實。送花後，戀愛的感情往上「上升」了。此外，失約後持續變化的曲線，可以在爭吵後觀察到「下降」。還有，收到男人寫的信、兩人和好後，愛情的量比原本上升了非常多。

能將如此複雜的不連續現象全部表現在一個曲面上，並解決該曲面性質給出的問題，就是「突變理論」。

突變理論扮演了在以前只處理連續現象的數學中引入不連續現象的開創者角色。因此，數學家不只為自然科學家，也為社會科學家提供了針對某些現象之多種表示方法的模型。

齊曼利用這種手法，並舉了從國防問題到國家間外交關係的各種應用例子，來說明突變理論。這些說明中，有部分與社會科學相關的示例聽來雖然有趣，但仍未被嚴密確立。儘管如此，突變理論仍實際應用在自然科學的許多方面。

舉一個突變理論的例子：各位應該還記得2004年發生的南亞大海嘯，造成至少22萬條人命犧牲以及莫大的財產損失。如此大規模的天然災害，對人類和大自然造成了遠大的影響，並改變了歷史的流向。

美國考古學記者大衛基斯（David Keys）在調查了世界各國資料後所寫的《大災害》（Catastrophe：An Investigation into the Origins of the Modern World）一書中，主張從西元535年至536年，全世界的大氣變得混濁而遮住太陽，造成大飢荒、洪水和傳染病肆虐——舊的時代沒落，而新的文明開始萌芽。

1815年，印尼松巴哇島的坦博拉火山爆發，導致數十萬人喪命。150萬立方公里的火山灰和煙塵覆蓋了大氣、降低了地球氣溫，使得隔年的1816年成了歐洲人記憶中「沒有夏天的一年」，世界各地耕作也持續歉收。

1845年夏天，愛爾蘭因為連續下了3週的大雨和潮濕的天氣，使得馬鈴薯晚疫病擴散，且雨一直下到隔年春天。結果，作為主食的馬鈴薯收成慘澹，造成眾多愛爾蘭人餓死，並導致其後的10年間，有超過200萬名的愛爾蘭人移

民美國。

突破理論也可應用在現在的我們身上，因爲從2019年末開始的新冠肺炎對人類歷史帶來了極大的影響。許多學者主張，新冠肺炎發生前後的生活產生了很大的變化，而第四次工業革命的技術發展，也會使目前爲止的生活方式完全變成新的。如此一來，傳統上曾認爲的好的職業業種將會消失，新的業種將會誕生。

目前爲止，即使產生了新的文明和文化，也是慢慢變化或發展而來的，所以人們有足夠的時間適應；但在將來，每天、每小時都會有新的知識和職業出現和消失，人類將不得不以至今未曾經歷過的各種方式學習適應。像這樣，突如其來的大規模天然災害對人類歷史造成深遠影響的事件，就是突破理論的實例。

畢達哥拉斯的格言

畢達哥拉斯希望自己和所有弟子都能變得更聖潔，最終成為像神一樣的存在，因此他寫了很多格言教給弟子們。流傳下來的格言中，其中20則如下：

1. 不要越過維持平衡的天秤（不要違反法律）

2. 不要在皇冠上流淚（不要因太開心而大驚小怪）

3. 不要在戒指上刻上帝的形象（不要不尊敬上帝的名字）

4. 不要用刀劍去刺火（不要讓爭執更嚴重）

5. 不要走人多的路（不要追隨導致毀滅的流行）

6. 不要讓燕子住在附近（不要和胡說八道的人來往）

7. 不要幫忙卸行李，而要幫忙抬行李（不要獎勵壞事，要累積善行）

8.不要輕易握手（不要不分辨地交朋友）

9.不要戴太緊的戒指（追尋自由，避免屈服）

10.不要剝開麵包（給予慈悲時不要太吝嗇）

11.將醋和醬料瓶放遠一點（躲避惡意和諷刺）

12.不要朝著太陽小便（保持謙虛）

13.不要砍大路上的樹（不要公器私用）

14.避開雙刃劍（不要與好誹謗中傷者說話）

15.把食物留在餐桌上（總是留下一些慈悲）

16.朝井裡丟石頭是犯罪（迫害善良的人是犯罪）

17.不要在墳墓上睡覺（不要在父母給的土地上怠惰度日）

18.不要止步於門檻（持守自己的選擇，不要動搖）

19.不要用雙腳和車子賽跑（不要魯莽行事）

20.不要殺偶然掉在牆上的蛇（不要傷害你的客人或前來哀訴的敵人）

　　畢達哥拉斯的教誨沒有一一流傳下來，但對他的弟子來說，每一句都是有如經書般的存在。理由很明顯，比如「不要在戒指上刻上帝的形象」等於「不要不尊敬上帝的名字」，要好好侍奉神的意思很明確。然而，有些格言的意思清楚，有些卻很模糊，就算說是含蓄也欠妥當。

　　還有一些不被相信出自畢達哥拉斯之口，例如給予慈悲時不要太吝嗇的「不要剝開麵包」，就被推測是由想賦予這句話某種重要意義的、畢達哥拉斯追隨者以外的人所創

造的。好比說，以前人們常會做一條麵包一起分著吃，而這句話被認為是不喜歡麵包屑散落的人所創的；一點也不像畢達哥拉斯會說的話。然而這種格言是在何時、如何被納為畢達哥拉斯所說的話，已不可考。

接受了畢達哥拉斯這些神聖教導和教訓的畢達哥拉斯學派，形成了一個龐大的群體。這些人沒有職業，在社群中讚美畢達哥拉斯，並稱他是最好的普善和適當的和諧；他們對畢達哥拉斯的崇拜，將他塑造成有如神明的存在。

有些人讚揚畢達哥拉斯有如阿波羅；有些人稱他是「北方淨土的阿波羅」；也有些人叫他「Pion」，意思是「生活在月亮上的醫藥之神阿波羅」；另外一些人認為他是為了改善人類生活、傳播哲學和幸福而化為人形的奧林匹亞眾神之一。結果，曾被叫做「長髮薩摩斯人」的小男孩現在成了希臘世界中最受敬重的人。亞里斯多德曾在《論畢達哥拉斯學派》一書中說，畢達哥拉斯學派將能進行邏輯思考的動物分為神、人類和有如畢達哥拉斯的存在。

畢達哥拉斯研究了各領域中尚無人了解的事物、建立理論，並傳授給他的弟子，再擴及整個希臘。他也引導希臘世界走向最佳的政治、大眾和諧、與朋友分享財產、對神敬拜、對死亡敬虔、立法、學識、沉默、對肉食節制、禁欲、禁酒、聖潔和求知欲……種種理由都讓畢達哥拉斯在希臘世界廣受推崇。

第 5 章

思考學習，
從基礎到擴張

How To Think Like
Mathematicians

24

基礎扎實
才算學會

數理能力

18世紀第一次工業革命發展的過程中，數學引領了物理學和天文學的發展。到了19世紀，古希臘將數學和實用性分開思考的傳統再起，開始追求數學本質之美。這股潮流延續到了現代，今日的數學強調嚴密性和邏輯性，似乎和現實漸行漸遠。

被認爲僅有數學之美的「費馬大定理」（也稱作費馬最後定理）正是如此。然而，其中使用的橢圓曲線理論，爲現代交通卡系統的製作提供了基礎。

此外，19世紀的法國數學家伽羅瓦爲了求代數方程式的根而設計出的「群論」，被融入愛因斯坦的相對論和量子力學，爲可能是物質、能量和空間本身最終構成要素的基

本粒子的分類提供了研究基礎。

數學隨著文明的開始引領了科學，並緊緊跟隨歷史的進程，而它也將主導未來世代的人工智慧等各種領域。因此，今日的數學比想像中更豐富多彩。根據推算，全世界的數學家約有10萬名左右，他們每年也會發表超過200萬頁以上的數學新知和大約30萬個的新理論。由於現在的科學家和哲學家將數學活用在自己領域的速度比過去快得多，從新的數學理論衍生出的新文明，正以難以想像的速度產生變化。

舉例來說，過去銀行只單純提供讓客戶借錢或存款的服務，現在則活用金融數學，分析客戶的財務狀況並做出最佳未來規畫等，提供涵蓋人生全面性的服務；100年前，我們主要的交通方式是牛車、馬車，當汽車出現後，搭載活用數學的自駕裝置的無人駕駛汽車也已經上路，相信不久後將改變我們的生活。為了適應這類變化，**我們最需要的就是理解和親近作為其原理和基礎的數學。從這層意義上來說，數學無疑是使我們能享受新文明好處的基礎。**

告訴各位一個令人驚訝的事實：即便是如此高水準又困難的數學，也不過是國小所學的數學的擴張而已。若想擅長數學，就必須學好國小數學。事實上，數學依國小數學、國中數學、高中數學、大學數學，是一個漸漸擴張的

教育過程。現在就讓我們從幾個不同領域來看看，國小數學是如何變身為國中數學的。

首先，我們來看看國小3、4年級的問題和解答，以及與其對應的國中程度的問題和解答。

▌國小3年級：寫出算式

問題：某數乘以2並加上3後得到15，請問此數為何？

解答：15減3得12，若將12除以2，則得某數為6。

▌國小4年級：垂直和平行

問題：直線（甲）和（乙）、（丙）和（丁）互相平行，求①和②的大小。

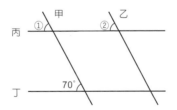

解答：因為直線（丙）和直線（丁）平行，所以①為70°；直線（甲）和直線（乙）平行，所以②為70°。

國中：一次方程式

問題：求下列方程式的解：$2x+3=15$。

解答：方程式$2x+3=15$中，若將3移項得$2x=15-3$；
$2x=12$，故$x=6$。

國中：同位角、內錯角

問題：下圖中$l \parallel m$時，求$\angle x$為幾度。

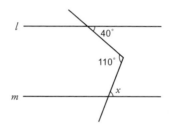

解答：因兩直線平行，若在l和m之間畫一條平行輔助
線，則知$\angle x=70°$。

怎麼樣？你有感受到範圍擴張了嗎？

接下來，再來比較看看國小5、6年級和國中的數學的問
題和解答吧。請仔細看看從國小數學到國中數學，又有哪
些變化。

▌國小5年級：全等

問題：兩個四邊形全等，求邊$\overline{AB}$和$\overline{AD}$的長。

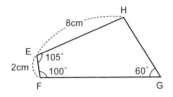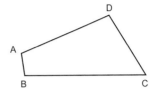

解答：因兩個四邊形全等，邊$\overline{AB}$的長為2cm；邊$\overline{AD}$的
　　　長為8cm。

▌國小6年級：角柱和角錐

問題：請寫出下列角錐的正確名稱。

解答：（甲）三角錐；（乙）四角錐。

▌國中：全等三角形

問題：下列三角形中，請將互為全等的三角形配對並說
　　　明全等條件。

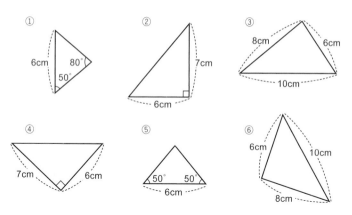

解答：

①和⑤：一邊的長和兩側的夾角大小相同。（ASA）

②和④：兩邊的長和其夾角大小相同。（SAS）

③和⑥：三邊的長皆相同。（SSS）

▌國中：立體圖形

問題：請寫出下列立體圖形的名稱。

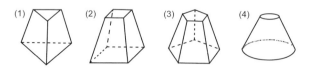

解答：（1）三角錐臺（2）四角錐臺（3）五角錐臺
　　　　（4）圓錐臺

如前面的問題和內容可知，國小和國中的數學差異不

大，只是國中比國小數學多使用了難一點的用語和符號。

　　然而，比起稍微難的用語，國小和國中數學最大的差異點，更在於眼睛看不見的「數學的抽象化」。若比較國小3年級的「寫出算式」問題和國中的「方程式」問題，可發現國小階段會用「某數」，也就是將未知數用像「甲」這類的國字符號代稱，並且只要循著過程就能找出答案。但國中數學使用的是英文字母「x」這類符號，而且是沒辦法用眼睛看到但可感覺到的抽象化差異。不過是將「甲」改成「x」表示，卻彷彿變成外星語般，光是感受上就有差異了。

　　常有家長為了孩子的數學學習煩惱，問我說：

　　「我家小孩國小時數學還很好。他頭腦很聰明，但從國中開始數學就不行了。」

　　這句話並沒有語病。所謂的聰明，也就是智商，並不是學好數學的必要條件。現在的孩子頭腦都很好，IQ似乎都有三位數，充分具備學習數學的資質。但為什麼會覺得數學很難呢？

　　國小時數學很好的孩子，上國中後，要是數學成績變差的話，最大的原因就是「抽象化」，也就是說，在「數學思維」上發生問題。當然，一定水準的計算能力還是需要

的，但若把運算想成數學的全部而反覆進行先備學習（學習的合理順序是，先學會什麼，之後才能學會什麼，而前一個學習就是下一個學習的「先備學習」）的話，孩子就無法經歷同齡人自然會經驗的「思維發展」過程。因此，雖然每次重複出現的問題和概念相同，但只要給出不同類型的問題，就會說出「第一次看到這個問題」這樣的話；就是因為沒試著養成「理解給定的問題狀況」，並思考解決方法的思維，才會發生這種事。

所以我認為，孩子學不會數學的最大原因就是父母。最近美國某地區發表了一項驚人的事實：學不會數學的學生中，有超過70%都有向父母學數學。為什麼跟父母學數學的孩子反而學不會數學呢？

其實，身為數學教授，我也曾在家教自己的孩子數學，但正如前述，並沒有想像中成功。請捫心自問，孩子開始學習10分鐘後，是不是十之八九的父母會發脾氣而孩子開始哭，雙方神經緊繃、爭吵，最後將鉛筆一扔生氣地說：「乾脆不要學算了！」就這樣中斷結束。

父母因為焦急而沒給孩子足夠的思考時間，這種狀況若一再發生，孩子就會覺得跟爸媽一起練習數學有如活在地獄般，最後就會關上思考的大門。

從國小數學和國中數學的差異來看，學生們覺得數學很難的理由可分為：無法理解數學和不理解數學符號。數學

符號就是所謂的算式，而算式可說是數學家之間為了理解並方便交流的工具或語言。也就是說，人們並不是不理解數學，而是因為對數學「語言」的符號產生抗拒而無法理解數學。此外，人們並不是想了解數學符號，而是想了解數學相關的內容。

數學的語言從國小到國中、國中到高中，並從高中到大學，越往上升，就越複雜和困難。數學語言變得複雜和困難的理由，是因為其所包含的內容非常多。因為數學喜歡簡化一切，所以會想簡單表示很複雜或困難的情況。若想學好數學，就必須逐步確實地理解數學符號，而要做到這一點，非熟悉數學的抽象化不可。

我們學習外語的理由是為了和使用外語的人進行交流。例如，想了解德國人的想法時，會學習德語。一開始，可以透過對方的肢體動作和臉部表情多少明白對方的意思。接著，藉由閱讀有關德國的書，從中了解德國的歷史、宗教、風土民情或社會結構等，進而理解德國人。之後再學習文法等的話，就能更快地熟練德語。

數學也一樣，不要急著想熟悉數學符號，應該先理解數學的內容是什麼。若想做到這一點，多接觸各類型的數學書，以消除對數學的盲目恐懼或成見，也是一個方法。

培養了許多弟子的畢達哥拉斯也認為「理解」非常重

要。他認為，如果自己所教的弟子是無法理解知識奧義的人，或是無法給予適當指導的老師，那麼知識對他們來說不但毫無意義，甚至有害。因為這個理由，他不允許自己的教學內容被文字化，也因此，注意力和記憶力對畢達哥拉斯學派來說相當重要，他們必須將教導的全部內容完美地背下來，理解之後才能進入下一階段的學習。

事實上，畢達哥拉斯不得不選擇這種方式。當時缺乏紙、筆和墨水，光是靠口頭傳授，記憶力自然成為最被看重的能力。為了培養記憶力和注意力，弟子們早上一睜開眼，就會吟誦下面的雋語：

一睜開眼睛必須做的，就是將當天的待辦事項依序想一遍。

在入睡前，也會一邊吟誦以下的雋語，一邊反省，然後入睡。

將自己一天所做的事回想三遍之前，別闔眼入睡。什麼做得對，什麼做得不對呢？又有什麼事沒做完呢？

從結論來看，畢達哥拉斯的教育方法是成功的，而他創設的共修院更是培育優秀哲學家的搖籃。

25

為何對數學
心生恐懼？

計算能力

　　當你在解一道數學問題時，會看到數字、符號，甚至各種圖形，而有不少人一面對這些就感到頭昏腦脹。可能國小數學還不錯，但隨著年級上升，難度越來越高而變得不喜歡甚至不想面對。不斷逃避的結果，導致升上國中或高中後就放棄數學——只因為隨著年級上升，算式變得複雜。而且若要計算面積和體積，就必須知道各圖形的對應公式和單位間的關係。

　　並且，解數學問題時，一不小心犯了錯就會得到錯誤的答案。若想求圖形的面積和體積等，就必須代入對的公式寫出算式；解應用題時，則必須掌握問題的意圖並寫出算式。計算已經夠討厭了，還要讀懂問題要問什麼，再寫出

算式，當然很難了，對吧？

數學每一步都講求精確，所以當各位一翻開數學書的瞬間，也許會感到呼吸一窒。數學考試更是人間煉獄；雖然平常已充分理解內容並掌握了足夠的解題實力，但一面對考題，就會緊張到連加減乘除都算錯。這種「考試恐懼症」現象，不只數學有，其他科目當然也有，只是在數學科特別明顯而已，但為什麼會這樣呢？

數學須在內心平靜的狀態下作答，才能找出問題的線索並好好思考。過度緊張而心臟怦怦跳的情況下，不要說是掌握問題的意向，連簡單的加、減、乘、除四則運算都可能出錯。之所以會這樣的原因在於，我們不知道學了數學能用在哪裡？

下面就讓我們透過觀察多數人學習數學的過程，來了解為何我們會對數學心生恐懼吧。

很多人從上小學前就開始認識數字並學算術。像這樣，經過短暫的先備學習；進入國小後，每學期又要解決4到5本的練習題本——大張旗鼓開始的數學學習，和所投入的努力、時間和費用相比，成績卻和預期中有很大的落差。但因為小學數學偏計算題，即使基礎概念理解不正確，也還能拿到不錯的成績。

以運算為主的小學數學，只學習問題類型，不重視概念原理，要獲得優異的分數不難。到了國小高年級或國中，

因為必須正確了解概念和原理才有辦法解題，而終於掉入數學的陷阱裡。成績倒栽蔥，不少人都被嚇得瞠目結舌。

人們多半認為「計算能力就是數學實力」。國小低年級時的確如此，但是當年級越往上升，計算題的比例逐漸減少，數學概念和原理的學習變得不可或缺。學習數學就像蓋房子，要按順序一塊塊砌磚。若是小學時不重視概念，只心繫眼下的考試分數，一味重複學習計算和題型，數學的基礎就會像是在沙地上蓋房子那樣脆弱。到了國、高中時期，數學從「如何」變成必須先思考「為什麼」、難度逐漸架高時，終於在某個瞬間因為撐不住而完全崩塌。

那麼，數學的概念和原理要怎麼學習呢？方法有很多種，如講解、提問、討論、探究等，可以根據學生的程度、性向和數學的內容選擇適合的方法。基本上，好好活用課本即可。市面上汗牛充棟的練習題本和數學參考書並沒有好好地說明關於數學的基礎概念；即使內容有「概念整理」，也不是用來輔助理解概念，而只是要讀者將課本裡的概念像背公式那樣背起來的說明。若能理解數學的概念並活用其原理，之後解了多少題目的「量」就不是那麼重要了。因為在數學中，解題的量是為了認識題型，但只要概念確立，就能輕鬆看懂各種題型。

舉個簡單的例子來看概念和題型的差異吧。

有位知名女藝人A，某天穿著黃色運動服外出；隔天穿

了黑色西裝；再隔天則是穿了藍褲子、戴著太陽眼鏡出門；第四天又染了一頭紅髮外出……不管她怎麼打扮，人們一眼就能看出她是藝人A。大家究竟是怎麼認出這麼多變的藝人A呢？

原因在於，不論她穿什麼衣服、戴哪種太陽眼鏡、頭髮換成什麼造型，她給人的印象一直很明確。不管她怎麼變裝，總能認出她，這就是大眾對藝人A的概念，而她所穿、戴、染的各種裝扮變化就是題型。

數學也是這樣。只要腦中刻入關於數學的正確概念，無論題型怎麼變，都能確實知道那是什麼問題或該如何解題。此外，能幫我們準確掌握數學概念最好的書，就是課本。

反之，各種參考書和練習題本，都像藝人A的變裝般，是在學習題型。只要理解並輸入一次的概念，不論題型怎麼變，因為原理都一樣，再花俏的題目都有辦法解開。因此，只要著重建立概念的學習就好，根本沒必要先備學習超前的數學內容，更不需要把時間用來解決大量的練習題本。

26

學數學
需要什麼素質？

抽象化

　　全美數學教師協會（NCTM）的數名學者研究了「學數學需要什麼素質？」並得到了很有趣的結果。結論是需要以下四種能力。你可能無法憑藉這些能力拿到菲爾茲獎，但通過數學考試綽綽有餘，所以請打起精神，一起來確認一下自己是否具備這四項能力；如果有，代表你絕對可以在數學考試拿到滿分。

第一、你是否能快速地將自己的鞋子放進鞋櫃？

　　能將自己的鞋子成功無誤地放入鞋櫃的能力，代表對數學基本原理「一一對應原則」的理解。我們藉由一一對應

原則，而能準確數出物體的個數，形成無限的概念，並將思維擴展到像函數等複雜的數學內容。

一一對應原則是數學中比數字更早誕生的、非常有用的概念。這裡舉一個古老的故事說明：

某村莊有位富翁，他有個人人都想娶的漂亮獨生女。女兒到了適婚年齡時，他決定幫她選個聰明的丈夫，於是富翁徵求聰明女婿的消息在街坊傳開來，許多自稱聰明的單身男子從各地前來接受考驗。富翁提出了一道題目：

「後山有好幾棵分成粗、中、細三種粗度的松樹。最先正確回答出這三種粗度的樹各有幾棵的人，我將選他作女婿。」

聽完題目後，所有單身男子全都跑向後山，但那裡的松樹實在太多了，若是一棵一棵地數，哪棵數了、哪棵還沒數……很容易搞混。結果，許多人數到一半就放棄，打道回府。但是，聰明的石鐵拿來了三捆綁在一起的草繩，長度分別為長、中、短，並開始在每一棵松樹上綁繩子；樹幹最粗的松樹綁上長繩子，中間粗的樹幹綁上中長的繩子，細的樹幹綁上短繩子。在松樹上綁完繩子的石鐵，數了數每捆草繩剩下的繩子，並依照松樹的粗細，正確地說出了各有幾棵。於是石鐵就和美麗的千金小姐結婚，過著幸福快樂的日子。

上面這則故事裡，石鐵所應用的正是一一對應原則。舉例來說，準備長度不同的三種繩子各100條、並將松樹全綁上繩子後，若所剩的長繩子為20條、中長繩子為25條、短繩子為30條，則那座山上的松樹數量為粗的樹80棵、中粗的樹75棵、細的樹70棵。石鐵將一條繩子與一棵松樹一一對應，所以不只是棵數，連粗細也能正確知道。像這樣，一一對應原則是即使不使用數字，也能分類事物，並得知其數量的重要概念。

第二、你是否能遵照食譜的說明做出簡單的料理？

這是在問你是否理解解題的順序和步驟。比如說，煮泡麵得準備食材、知道該按什麼順序和步驟烹煮食材，並且需要具備能做出各種判斷的能力和觀察力。

煮泡麵最先要做的事，是將適量的水煮沸；水滾了之後，必須放入泡麵；而煮泡麵也有需要遵守的順序和步驟。如果能理解這些順序和步驟，那麼想必數學也能學好。

數學中，遇到有括號的加、減法時，必須先計算括號內的部分；若是乘、除法，則依序計算即可。舉例，在計算2×(3+4)時，若先計算括號，則為2×7=14；但如果無視順序先做乘法的話，會得到2×3+4=6+4=10

的錯誤答案。另外，$4 \div 2 \times 3$若從前面依序計算，則
$4 \div 2 \times 3 = 2 \times 3 = 6$為正解；若將順序改變而先做乘法，則
會得到$\frac{4}{6} = \frac{2}{3}$的錯誤答案。因此，就跟做菜時一樣，理解
數學解題的順序和步驟非常重要。其實，料理比起數學難
多了，沒有一點手藝是不行的。這麼說來，解數學可比做
料理容易，是吧。

第三、你是否能從字典中找出單字呢？

網路發達下，字典幾乎已經消聲匿跡，但即使是這樣，
上網查單字還是需要具備像查字典一樣的基礎。若查中文
單字，則要會注音並依序輸入拼音；英文的話，就需要依
序輸入字母才行。能在字典中找出單字，代表你理解數字
的多種進位法、大小、順序關係，並知道各種組合。舉例
來說，若想使用37個注音符號字詞排列的國語字典找出不
知道的字彙，就必須先認識注音符號、拼音順序、音節順
序等，以及每一個字拼法組合才行。像這樣的內容就是集
合、數列和組合的內容，也是機率和統計領域的基礎。

第四、你是否能畫出簡單的略圖呢？

這是在問你是否能在腦中將眼睛所見的事物抽象化，然

後表現出來。「抽象」就像從兩隻兔子和兩顆蘋果中取出2的能力。大部分人討厭數學的最大理由，就因為這樣的抽象性質。

舉例來說，要計算1+2為多少，卻沒有提出任何具體的事物（如兔子或蘋果）。這裡數字1或2就只是為了表示事物的個數而約定好的符號而已。因此，眼睛看得見的1和2等數字，其實也是抽象化的結果。也就是說，數學從一開始就跳過可視的具體性而處理無形的抽象性。略圖是將3次元空間表示在2次元紙上的圖。如果你能將空間縮小、把目的地位置圖示化並適當地表示出來，可見你已具有足夠的抽象能力。

小學數學很厲害的人，上了國、高中後覺得數學變難，也是因為出現了像$a+b$或$y=ax$一樣的抽象文字和符號。如果從一開始就理解給定的問題，並練習畫出和該問題對應、合適的圖來解題的話，不管問題和內容有多抽象，你的腦子裡都能畫出一幅圖。

因此，略圖的繪製能力不僅與坐標平面和函數圖表等抽象內容相關，也和涉及平面或立體圖形的幾何學密切關聯。

怎麼樣呢？現在還覺得數學很難嗎？相信我，會覺得難，只是因為你沒在「思考」數學罷了。

27

學好數學
的意外方法

理解能力

前面簡單介紹了想學好數學所需的思考方式，現在還覺得數學難嗎？也許是因爲「數學本來就很難」的想法仍深刻在腦海裡吧。

因爲從小就受到父母強迫去上補習班，還爲了領先其他人而進行了先備學習。但是，因爲先學過了，所以認爲學校上課教的都是已知的內容，而變得不專心。然後，又去更好的補習班、找傳聞中教得更好的家教，就這樣持續地進行先備學習和重複學習。花了很多錢，卻陷入惡性循環，感到數學越來越難而失去興趣。其實，和自己程度不符、過度的先備學習是毀掉數學的捷徑。進行先備學習不是理解概念和原理，只是提早聽到數學用語罷了。然而在

真正能學習概念和原理的學校課堂上，卻因為誤以為全都是自己已知內容的重複，而變得不專心聽講。**要消除對數學的抗拒感的第一步，就是得知道數學就在我們身邊的事實。**

我們的周遭滿滿的全是數學；從餐廳裡摺好的餐巾紙到公車或捷運的路線、街上的人行道磚和各種植物的成長等，全都是由數學所構成，只是我們沒注意而已。有些情況會需要超越高中程度、相當複雜又困難的數學，但有些情況中，只需要國小所學的數學就可以理解其中原理。

人們好奇如何才能學好數學。我想我可以告訴你，其中一種方法是「請閱讀」。**學好數學的祕訣在於培養「理解力」，而閱讀正是培養理解力最佳的方式。**尤其如果自行閱讀有關數學的書籍、理解數學原理的話，學習數學就會變成習慣而且感覺有趣。

有句老話說「書是最好的老師」，對吧？數學也需要良好的閱讀能力。在數學學習上，要能快速理解「問題要問的是什麼」，所以閱讀力很重要。

2011～2015年間，經濟合作暨發展組織（OECD）以31個國家、16萬名成人為對象，進行了國際成人技能調查（PIAAC）。其中有一題為：「你16歲時，家中有幾本書呢？請就報紙、雜誌、課本、參考書之外的書籍作答。」分析此問題的結果，愛沙尼亞以平均每個家庭有218本書

獲得第一名;反之,土耳其以27本位居最後一名;全體會員國的平均數量是115本書。

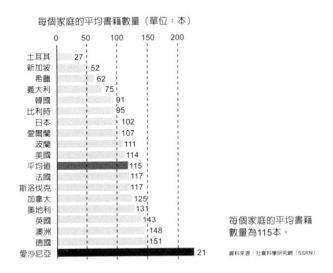

每個家庭的平均書籍數量（單位：本）

土耳其	27
新加坡	52
希臘	62
義大利	75
韓國	91
比利時	95
日本	102
愛爾蘭	107
波蘭	111
美國	114
平均值	115
法國	117
斯洛伐克	117
加拿大	125
奧地利	131
英國	143
澳洲	148
德國	151
愛沙尼亞	21

每個家庭的平均書籍數量為115本。

資料來源：社會科學研究網（SSRN）

延續這項研究,青少年時期若環境中有書,對認知能力的發展有全面的影響,影響範圍涵蓋語言能力、計算能力和解決技術問題的能力。如下圖所示,認知能力到65本書左右有明顯的上升;大約超過350本後,則幾乎沒有什麼影響。所以說,不一定要有非常多本書,但如果書太少的話,就是個大問題了。

來自擁有大量書籍家庭的孩子,在成年後具有良好的認知能力,很可能會被認為是因為「高學歷父母的教育和鞭策」或是「有錢的父母砸下大筆教育經費」等影響,下圖則是將這類因素完全排除後,所測出的持書量的影響效果。

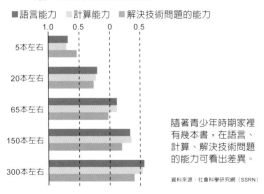

青少年時期家中持書量的效果

■ 語言能力　■ 計算能力　■ 解決技術問題的能力

隨著青少年時期家裡有幾本書，在語言、計算、解決技術問題的能力可看出差異。

資料來源：社會科學研究網（SSRN）

　　有些人將買書當作興趣，有些人則是買書裝飾用。若根據前面介紹的研究可得知，在家中多擺放書籍，不光是為面子加分而已，實際上也有提升孩子們的認知能力及提高他們成年後收入的效果，說來是一樁超級棒的投資，不是嗎？

　　當然，就算擁有再多本書，若不閱讀，一切都是空談。希望孩子多閱讀的話，應該怎麼做呢？簡單來說，只要做三件事。

　　第一、將書本放在孩子拿得到的地方。書籍不是裝飾品，將書本放在觸手可及的地方，能在孩子來來去去時吸引他們的注意。

　　第二、要讓孩子自己選擇書籍。很多時候，父母常會變相地強迫孩子讀自己認為好或希望他們讀的書。但是，如

果孩子能選擇他感興趣的書，閱讀將能成為愉快的體驗。

第三、也是最為重要的方法，就是父母要和孩子一起閱讀。只叫孩子閱讀，父母卻顧著看電視或滑手機，孩子自然也會和閱讀漸行漸遠。父母必須一起閱讀，孩子才會自然而然地習慣閱讀。

最後，還有一個能提高數學實力的祕密武器。電視上經常能看到數學能力測驗結束後，對獲得高分學生的採訪，你可記得他們給了什麼共同的答案嗎？

「我都是以課本為主學習的。」

雖然聽起來像是「打官腔」，但這說的是事實；沒有一本書的概念說明會比課本更完整。市面上販賣的許多參考書，雖然也有做概念說明，但那些書上的概念說明都只是在教「背誦重點」而不是「數學概念」，擺明了不需要思考概念形成的理由和用途。總之，儘管背誦了內容，但這樣死背下來的東西無法在解題時活用。只有課本會仔細說明概念形成的理由，和該在解決什麼問題時怎麼使用。

那麼課本為什麼被編纂成以概念為主呢？只要了解課本的編定過程，就能知道原因。

課本的編定過程是根據每個年級訂定適當結構的教育課

綱，進行分析，再加以說明書中該涵蓋哪些內容。各出版社會聘請在該領域有豐富教學資歷的教授和老師來編寫課本。只有被判定為在該領域有一定能力，並收到來自出版社編寫邀約的專家，才能成為課本的作者。通過審查並經過驗證的專家從參與、研究並分析教育課程，到完成一整本教科書的內容，約要花整整1年的時間。

教科書完成後，接著要接受教育部的各種審查，如是否正確反映教育課綱、內容是否充實、設計是否容易閱讀等。這個過程同樣會找來審查課本的專家非常仔細地審查：不只是課本的專業領域，還包括素材、用字遣詞，甚至文法的使用等。最後，只有通過教育部數階段嚴格檢查的課本，才能送到學生手中。

舉例來說，只要專家在審查時，判定A課本中方程式的概念或應用上有問題，A課本就會馬上遭到廢棄而無法發行。這所有的過程大約要花2年的時間。即使是通過審查後，只要發現有任何小問題，也必須隨時修正和補充。

課本出版要經過這些過程，但市面上的各種自學書、參考書、練習題本等，卻沒有經歷這樣的嚴格把關。當然還是有該領域的專家撰寫原稿，並有出版社的編輯部仔細地審閱，但無法和課本的編定過程相比。所以說，以課本為主學習的高分者的回答很實在，只有以課本為中心的學習，才能獲得高分。

總結來說，若想提升數學實力，多閱讀、勤看課本學習等非常簡單的方法就擺在各位面前。對於數學，如果仍感到困難的話，現在也還不遲，希望各位能仔細閱讀課本和解決問題。

28

得一知十

規則性

「偉大的發現能解決大問題，而從某個問題的解答中也能找到發現的線索。要是那個問題刺激你的好奇心、需要你的天賦並靠你獨有的方式獲得解決的話，你將會體驗到發現的興奮和勝利的喜悅。」

這是偉大數學教育家波利亞曾說過的話。波利亞雖是數學教育家，但是他的研究和作為影響的不只有數學。

對數學概念的深度理解和活用，以及理性的問題解決能力和態度，不僅是成功學習所有學科所必須，也是提升個人的專業能力和獲得作為公民的理性決策力所必要的。事實上，「數學思維」歷經長久的歷史，一路扮演了驅動人

類文明的智慧搖籃至今，更是生活在未來以知識為基礎的資訊型社會所不可或缺的。

在數學中，「問題解決」和「解開某種給定問題」的意義不同。廣義來說，問題解決是應用所學的原理來找出當下面臨的各種問題的解決方案；這意味著為了形成新的原理，必須組合既有原理以找出能解決問題的新想法。因此，在此過程中，必定需要概念學習和原理學習，並要在完成這些過程後，才可能進行問題解決的學習。

那麼，為了解決問題需要什麼呢？需要以基本的「數學知識」為基礎才行。並且為了解決給定的問題，還需要像數學家一樣，歷經對自己提問並解決問題的過程，以及必須像數學家一樣訂定合乎該問題的數學問題，再檢驗，然後想出新的想法才行。在某些情況下，這個想法甚至可能是以前不曾在任何地方出現過的嶄新思想。

波利亞說，若想了解數學的內容，則必須知道它是如何被發現的；比起單純教導知識，更該強調「發現的過程」並培養問題解決能力。為此，他在自己的著書《怎樣解題》（How to Solve It）中，提出四個問題解決的步驟。

第一階段是「問題理解」。指必須閱讀並理解問題，接著要問自己以下幾個問題：

- 什麼是未知的？

- 有什麼資訊？

- 給了什麼條件？

- 是否知道要到達的目標是什麼？

- 是否有看過類似的問題？

為了理解問題而畫圖，並利用所繪的圖來使用已知資訊也很管用。同時，還需要加入適當的符號。

第二階段是「制定解決計畫」。必須從給定的資料中分析未知和已知的部分，並找出兩者間的關聯性。為此，重要的是，被教育者要常向教育者提出有關如何找出兩者關聯的問題。並可將推測、使用變數（變量）、尋找模式、製作列表、解決類似問題、利用圖形或圖表、反向解題、分成不同情況思考，以及找出部分目標等作為策略使用。

第三階段是「計畫的執行」。既然在第二階段樹立了計畫，就必須執行。在執行計畫時，需要檢查每一步，並記錄下證明各步為「真」的細部事項。因此，直到解決問題或是有其他方法出現為止，必須執行所選定的策略；為此，需要充足的時間。

但如果用這些策略仍無法發現解決問題的線索，請尋找其他線索或暫時擱置欲解決的問題。有時隔一段時間再重新開始，反而會帶來新的想法而能解決問題。

波利亞所提出的解決問題的最後一個階段是「反省」；問題解決後，最好能驗證解決方法。局部是否有錯，或想想

看是否有更簡單的解決方法，是相當重要的過程。因此，反省對於熟悉問題的解決方法和未來的解題有所幫助。

知名的數學家也是哲學家的笛卡兒這麼說過：

「我解決的所有問題，都是對解決其他問題有用的規則。」

需要解決的課題大多是以話語、算式或是文句型式出現。因此若要解決，首先必須將所給定的問題轉換成使用數學符號和語言的數學問題並加以解決，然後再將得到的答案以符合原本目的的意思做出解釋。若按照上述四步驟，將解題的相關內容圖示會更清楚：

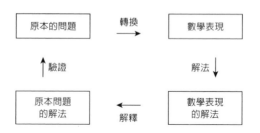

在解決問題一事上，沒有能確保成功的明確準則。但可以概述問題解決過程中的一些普遍的步驟，並運用一些原理來解決問題。雖然是以數學做說明，但不管在哪個領域，教學都可以說是幫助發現技術的技術。因此，若應用前面提到的策略，不僅能提升學習能力，在日常生活中也能看見良好的影響。

畢達哥拉斯的數學觀點

　　畢達哥拉斯是第一個使用「哲學」（Philosophy）一詞的人，意思是愛智慧；同時，他也是第一個將自己稱為「哲學家」（Philosopher)的人。他稱哲學的目的在於「將思想從自己所設的界限中解放出來」，並使用以下奧林匹克運動會的比喻說明了真正的知識為何。

　　在奧林匹克運動會有三種層次的人們聚集。最低層次的是在奧運期間做生意賺錢的人，他們只追求自己的利益；其次是作為選手參加奧運的人，他們炫耀自己的力量並汲於名譽；畢達哥拉斯認為層次最高的，是前去觀看奧運比賽的人，他們觀賞周邊風景和體育賽事，分析、討論及反思正在發生的事，並試圖理解自然和藝術之美。像這樣，

在奧林匹克運動會有形形色色的人聚集，有些人追求榮華富貴，有些人追逐力量和權位，而最純潔、最真摯的是追求知識的人──畢達哥拉斯稱這樣的人為哲學家。

畢達哥拉斯認為，在做哲學時最重要的是「數學觀點」。他將數學觀點分為四類，並做了以下的介紹。

「算數、音樂、幾何學以及天文學是智慧的基礎，順序為1、2、3、4。」

根據畢達哥拉斯解釋：算數是學習數本身；音樂是從時間學習數；幾何是從空間學習數；天文學則是從時間和空間學習數。

畢達哥拉斯以這樣的想法為基礎，製成了教授弟子用的教學課綱。教學課綱以算數為首，並發展至音樂、幾何學、天文學、神學、醫學和政治學。同時，他也教授作為學習上述知識所需基礎的邏輯學、分析學，還有語源學。

在所有課程內容細項中，畢達哥拉斯只強調學習本身的重要性。他重視發展理智的努力，並針對比財富、權利、名譽、美貌以及體力等更具價值的知識，論及了以下六項優點。

第一、因哲學家所發現的真理是人類的共同財產，所以

知識不僅能為個人帶來益處，也對社會有益。

第二、我們如果沒有知識，就無法享受其他美善事物的益處。

第三、知識無論怎麼使用或和他人分享，都不會減少。

第四、平凡的人會因為出生環境和資質而難以靠近財富或權利，但知識沒有限制。

第五、和即使細心照料，死後依然會腐爛的人類肉體不同，知識會透過我們的人生綻放不滅的火花。

第六、知識使我們總能為他人服務。

畢達哥拉斯主要使用具有隱藏含義的文句和需要複雜層次解釋的謎語，以象徵性的方式將知識傳授給弟子們。他的弟子為了理解如猜謎的教學內容做了很多努力，有時透過與他的問答和對話，有時則透過獨自進行對各種含義的冥想。

第6章

思考活用，
像數學家一樣思考

How To Think Like
Mathematicians

29

囚徒困境和
膽小鬼賽局

應用數學

　　現實生活中，我們每一瞬間都必須做出抉擇。有時不光是為自己，還得顧慮其他人才能做出決定的情況還不少。像這樣，將社會成員的決策從競賽觀點做數學式說明的理論，稱之為「賽局理論」。

　　賽局理論可用來分析：比賽結果不只取決於自己的機會和選擇，同時會受他人的選擇所影響的情況。參加比賽的人為了提升自己獲勝的可能性，會試圖預測其他參賽者會做出什麼選擇和決定。因此，思考「如何合理進行這種相互影響的策略計算？」就是賽局理論的核心。

　　賽局理論有很多種。有兩人在比賽中競爭，若一方贏

得一局比賽，另一方必定輸一局的「零和賽局」；有兩個團體針對某問題對立，若一方放棄，雖然會比對方蒙受更多損失，但兩邊都不放棄則會造成最壞結果的「膽小鬼賽局」；還有「囚徒困境」等代表性賽局理論的比賽類型。

其中，「囚徒困境」為兩人參加的「非零和賽局」。假設有因共犯行為遭到逮捕的兩人分別被隔離審問，若一方自白，則得以減刑，而沒坦承罪行的另一方將加重刑責。這種情況下，只要兩人都不自白，犯罪行為無法得到證實即可獲釋，但生性自私的人只考慮自己利益的結果，會是兩人都自白而遭處重刑的賽局理論。

囚徒困境是「納許均衡」最具代表性的例子。納許均衡是美國數學家約翰・納許（John Forbes Nash Jr.）所提出的賽局理論形式之一。是指若根據對方的反應做出最好的選擇，就能形成均衡的現象，而彼此都不會改變自己選擇的賽局理論。只要對方的策略不變，也就毋須改變自己的策略，於是最終會達到一個恰當的均衡，這就是納許均衡，它被廣泛活用在政治協商或經濟談判等的策略上。

在納許均衡中，策略組合A、B互為彼此的最佳反應，因此納許均衡的求法如下：

（1）當A策略固定時，B是相對於該策略能驅使利益最大化的策略；此為B的最佳反應。

（2）相對於（1）所得出的B策略，找出A為最佳反應的策略。

（3）（1）和（2）的策略組合形成納許均衡。

下面就以智慧型手機為例，來看看納許均衡的例子。

假設S公司和A公司的人氣智慧型手機分別命名為「銀河」和「蘋果」。根據S公司某店鋪的調查，若銀河和蘋果各為5萬元，則週末兩者皆能賣出15部；然而，競爭者A公司的蘋果為5萬元時，若銀河調降為4萬元，則買銀河的客人會比買蘋果多：銀河賣出20部、蘋果賣出5部。

反之，若銀河為5萬元、蘋果為4萬元，則是賣出5部銀河、20部蘋果。若兩家公司都調降為4萬元，則各能賣出17部。我們來想想，販賣銀河的S公司店員，週末時應該以下列①和②中哪一邊的金額策略販賣為佳。

① 4萬元　　② 5萬元

販賣銀河的店員S，和販賣蘋果的店員A的營業額可以整理為下頁表：

		店員A（蘋果）	
		5萬元策略	4萬元策略
店員S （銀河）	5萬元策略	75萬，75萬	25萬，80萬
	4萬元策略	80萬，25萬	68萬，68萬

對兩位店員而言，最佳的策略是降價為4萬元的策略。但是從表格中可以看到，兩家公司合作、不調降價格，並以5萬元販賣的利潤最高。不過，為了不論對方使用哪個策略都不至於蒙受損失，他們不得不採取支配性策略，因此，兩家公司的店舖都將價格調整為4萬元。

「店員S、店員A」以「4萬、4萬」和「5萬、5萬」販賣時，銷售金額分別為「68萬、68萬」和「75萬、75萬」，所以兩位店員如果分別改為5萬的價格策略，則兩人的利潤都有增無減。然而，在各店舖個別的合理行動下，很難跳脫「低價格、低價格」的策略組合。

因此，就像我們不時在新聞或媒體上看到的，販賣同類型商品的公司為了不陷入囚徒困境，會私下聚會並協商定價。

賽局理論一詞由數學家約翰・馮・諾伊曼（John von Neumann）和經濟學家奧斯卡・莫根施特恩（Oskar Morgenstern）於1944年合著的《賽局理論與經濟行為》（*Theory of Games and*

Economic Behavior）一書中首度被提出，並具體使用在應用數學領域。此理論廣泛被活用在賽局和經濟行為（尤其是經濟學）等社會科學領域，現在也被多元應用於政治學、軍事學、計算機工程學、生物學、哲學等其他領域。所以說，用比賽觀點來解決經濟數學，是不是很有趣呢？

30

人腦輸給
AlphaGo的原因

蒙地卡羅搜尋法

距離現在不過100年前，人們仍自己耕種以備糧食，並在家中自製必要的工具來用。19世紀初，隨著蒸汽機的發明，工廠開始使用機器、大量生產商品。人們的生活方式從農業和手工業，轉變為以使用機器量產必需品的製造業為主的過程，稱為「工業化」或「工業革命」。工業革命一詞最早是由一名法國的學者所創；英國的經濟歷史學家阿諾‧湯恩比（Arnold Toynbee）在說明1760～1840年代英國的經濟發展時，將這個詞通俗化。

直至2000年代前半為止，人類經歷了三次工業革命。第一次工業革命發生在1760年到1830年間，並從英國開始，當時英國禁止機器、技術工人和製造技術等外流，但效果

並未持續太久。受到英國的影響，以比利時和法國爲首的歐洲鄰國也迅速地工業化。

第二次工業革命從19世紀末開始持續到20世紀初，活用了以前沒使用過的石油等天然資源和合成原料。發展了機器、工具和電腦等領域，並因此創建了自動化工廠。然而，以石油等天然資源爲原料的工業革命，招致了資源枯竭和環境汙染。

第三次工業革命是在1960年代後，透過網路通訊技術和再生能源的結合而開始，並主要發展於如金融和通訊等服務產業。第四次工業革命則是在2016年1月於瑞士達沃斯舉行的世界經濟論壇上被正式宣告。

現在，我們處於第三次工業革命的尾聲和第四次工業革命中。第四次工業革命一詞最早出現在2010年德國發表的「高科技戰略2020 行動計畫」十大計畫之一的「工業4.0」中，以「製造業和電波通訊的融合」之意首次被討論。

第四次工業革命是以第三次工業革命爲基礎之數位、生物產業和物理學等各領域的技術融合所帶來的經濟體制和社會構造的急遽變化。第四次工業革命擁有「超連結性」「超智能化」的特徵。人與人、物與物、人與物通過物聯網、雲端等情報通訊技術實現互聯。透過大數據和人工智慧等，促使我們現在所生活的社會有望成爲一個更智慧化的社會。

電腦和操作電腦的軟體是引領第四次工業革命時代的核心。對於要在第四次工業革命時代生活下去的我們來說，如何迎接以軟體為中心的各領域的新變化，不只會決定個人，更會決定國家的命運。

尤其，人工智慧建立在數學的基礎上；如字面上的意思，人工智慧是以像人類的智慧一樣能自動學習、思考，並迅速處理指令的軟體為中心的電腦。因此要生活在第四次工業革命時代的我們，必須更加熟悉電腦和軟體才行。

常被活用於人工智慧中的方法是「蒙地卡羅搜尋法」。蒙地卡羅搜尋法是指主要被用在電腦圍棋程式、圖板遊戲、即時電玩、撲克牌等，難以預測對方會如何做下一步行動之類遊戲的方法。簡單來說，蒙地卡羅搜尋法是根據對方的動態，並活用從既往資料得到的機率來決定如何行動的最有利的方法。

在方形的圍棋棋盤上展開的生存競爭遊戲「電腦圍棋」是蒙地卡羅搜尋法的最佳應用。圍棋盤上有直線和橫線各19條，兩者的交點共有361個。分為黑白的兩方，互相輪流在361個點上放下棋子占地並對弈後，依各自所擁有的點（地）的多與少決定勝負。

圍棋的每一手都高深而奧妙，隨著先下在哪一處，會形成完全不同的對弈。並且因為可以下的方式太多，甚

至有人說自圍棋發明以來，至今沒有兩局棋是相同的。實際上，下棋時，一開始黑棋可以下在361個點中任意一點，接著白棋可以下在已經擺有黑棋外的360個點中任意一點；如果這麼計算，則圍棋可走的情況數共為361!。要用手來計算361!幾乎不可能，其實際的值大於2.6×10^{845}。不過，一般在圍棋中，約只要250個點、150手對局就結束了，因此在平均的情況下，可能的情況數為$250^{150} \approx 10^{360}$種。然而，整個宇宙的所有原子個數據稱約為$10^{80}$個。因此圍棋的棋局到底有幾種情況……多到令人難以衡量。像這樣，因為圍棋的下法實在太多了，所以使用既有搜尋法的電腦圍棋遊戲實力並不理想。

但是在2016年3月登場的人工智慧「AlphaGo」，卻在共5場的對局中，以4比1的成績贏了世界冠軍的九段棋士李世乭。當時AlphaGo所使用的資料搜尋法正是蒙地卡羅搜尋法。蒙地卡羅搜尋法由選擇、展點、模擬、更新等四步驟構成，在這裡讓我們舉個例子來簡單了解AlphaGo是以什麼方法搜尋並能下出對自己最有利的一手吧。

AlphaGo在與李世乭對局前，已經從好幾次的虛擬對局中獲取了重要情報。藉由這些資訊，當對方下在特定一點時，便利用機率找出對應該手最佳的一手棋。舉例來說，執白棋的李世乭在深思後選擇下在某一點時，AlphaGo便會搜索至今的資料，並得知下在該點時，白棋的勝率為

$\frac{18}{33}$，也就是說，當下在該點時，他贏了33次中的18次。

為了應對李世乭下的這手棋，執黑棋的AlphaGo會搜索可能的下法，找出黑棋的勝率各為 $\frac{9}{11}$、$\frac{4}{10}$、$\frac{0}{3}$ 的三個點，並選擇下在黑棋的勝率最高的 $\frac{9}{11}$ 的點上。對此，李世乭選擇一點下白棋，而AlphaGo得出當下在該點時白棋的勝率為 $\frac{1}{5}$。於是AlphaGo再次搜索可能的下法，找出黑棋的勝率各為 $\frac{3}{4}$ 和 $\frac{2}{2}$ 的兩個點，並選擇將黑棋下在勝率為 $\frac{2}{2}$ 的點。接著，李世乭在深思後選擇下在某一點上，最後AlphaGo贏得了圍棋對局。這個過程可以下圖表示；圖中白棋和黑棋內的數字為選擇該點時的勝率。

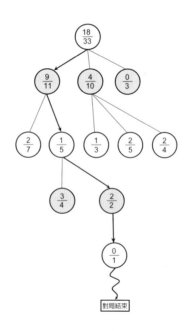

對局結束後，圍棋棋士們為了了解自己的對弈情況，會進行從第一手開始重新擺放棋子的「覆盤」；AlphaGo為了預備下次對局，會整合這次對局的資料，並將勝率修正如下圖。此時，對局次數和勝利次數會同時遭到修正，下在所選的點時的最終勝率會被更新。

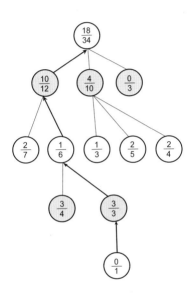

上面兩張圖中，雖然一開始白棋所下的點的勝率從 $\frac{18}{33}$ 下降為 $\frac{18}{34}$，但黑棋所下的點的勝率從 $\frac{9}{11}$ 上升至 $\frac{10}{12}$，也就是說，白棋一開始選擇的點在目前為止的33局中贏了18次，但因為這場對局輸了，所以被修正為34局中贏了18次。

反面來看，黑棋因為這次對局獲勝，所以在上次為止原

本11局中贏了9次的點，被修正為12局中贏10次。另外，雖然白棋第二手下的點的勝率由 $\frac{1}{5}$ 下降至 $\frac{1}{6}$，但黑棋第二手下的點的勝率由 $\frac{2}{2}$ 被修正為 $\frac{3}{3}$。AlphaGo將所下的各點的勝率從最下方往回倒推並一一修正，以為下一場對局做準備。

因此，對人工智慧而言數學不可或缺。**將來若想更頻繁接觸和使用人工智慧，就更需要能理解數學，並習得像數學家一樣思考的能力。**

31

輕鬆預測人口數
的方法

指數函數

人類因為2019年底出現的新冠肺炎，至今仍經歷著巨大困境。

一般來說，病毒和細菌截然不同，只有憑藉生物的活細胞才能像生命體一樣活動。病毒平常沒活性化時，狀態近乎石頭，直到寄生於宿主的細胞，才開始作為生命體活動。因此，病毒是介於生物和無生物之間的存在，並處在不屬於任何生物分類的未分類狀態。值得注意的是，病毒比細菌還要小數百倍以上，連濾紙都能穿過。和作為單細胞生物活動的細菌相比，病毒的構造非常簡單，甚至連細胞單位都構不成，只有蛋白質外殼和遺傳物質；使我們受苦的新冠肺炎，也擁有病毒的所有特徵。

病毒利用宿主細胞細胞核中的核酸（DNA或是RNA）複製裝置，無限複製和自己相同的個體。此時，宿主細胞有的許多機能無法發揮，導致免疫系統將受到病毒感染的宿主細胞殺死。而當遭到病毒攻擊的宿主細胞過多時，就會出現病毒疾病。

細菌在過了一定時間後，會以1變爲2的倍率自行複製並分裂，但病毒因爲是寄生在宿主細胞，所以能很快速地製造和自己相同的個體。因此病毒的分裂比細菌的分裂要快很多，但爲了幫助各位理解，讓我們假設病毒每小時會分裂而增爲2倍。

從1株病毒開始，過了一天後會增加爲幾株呢？也就是說，過了1小時後是2株、過了2小時後是4株、過了3小時後是8株，照著這樣的倍率增加；一天有24小時，所以1株病毒只過一個晚上就會變成2^{24}=16,777,216株。

在現實生活中，像這樣每次增加爲2倍的簡單的例子有「手打麵」和「龍鬚糖」。若想製作手打麵，要將麵團拉長再對折，然後重複地拉長再對折。那麼麵條的數量就會依次增加爲1、2、4、8、16等。所以，爲了製作美味的手打麵而重複拉長10次的話，麵條數會是2^{10}=1,024。

現在，讓我們將每次增加爲2倍的情況，更宏觀地以每次增加爲a倍的情況來看看？如果某種病毒每小時會分裂而增加爲a倍的話，過了x小時後，病毒數會是a^x株。此

時，若a爲1以外的正數，則相對於實數x，a^x的值將爲一固定數。因此若將a^x對應於x，則$y=a^x (a>0, a≠1)$是x的函數。此函數稱之爲以a爲底數的指數函數。普遍而言，指數函數$y=a^x (a>0, a≠1)$的圖形會根據a的值比1大或介於0到1之間而分爲兩種情況，如下圖：

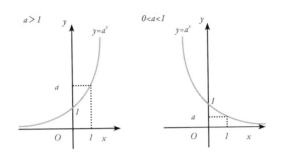

一般情況下，指數函數可寫成$y=b \times a^x$的形式，在人口增加、複利利息、輻射能減少、細菌分裂、血液酒精濃度檢測等，社會和自然的數學模型中很常出現。

另外，我們不時會聽到有關新冠肺炎基本傳染數（R0值，Basic Reproduction Number）的新聞對吧。基本傳染數表示的是「平均1位感染者傳染給幾人」的數字。當基本傳染數超過1時，感染擴大；小於1時，感染減少。

舉例來看，若基本傳染數爲2，則1位感染者會傳染給2人；受到傳染的2人，會再次各傳染給2人，而有4人感染；於是，4人又各自傳染給2人，則在第三輪共有8人感染，亦即$2^3=8$。在這種情況下，如下方指數函數的圖中所

示，可預期感染者會爆發性增加。

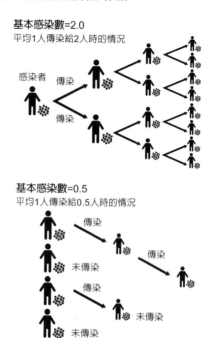

基本感染數=2.0
平均1人傳染給2人時的情況

感染者　傳染

基本感染數=0.5
平均1人傳染給0.5人時的情況

傳染

未傳染　傳染

傳染

未傳染

未傳染

　　然而，若基本傳染數為0.5，則1位感染者會傳染給0.5
人。比方說，假設一開始有8位感染者，則半數不會傳染
給他人而只有4人感染；接著，受感染的4人同樣只傳染給
2人；2人只傳染給1人，所以在第三輪感染者只剩下1人，
亦即8×(0.5)³=1。在這種情況下，如上圖所示，可預期感
染者將會減少。

　　即使基本傳染數非常接近1，不用多久感染者還是
會大幅增加。舉例來說，即便基本傳染數為1.2，因為
(1.2)¹⁰≈6.2，只要經過10次傳播，就會有6人以上感染；

基本傳染數爲1.3時則是$(1.3)^{10}≈13.8$人；1.4時是 $(1.4)^{10}≈28.9$ 人；1.5時是 $(1.5)^{10}≈57.7$人。也就是說，就算基本傳染數只是微幅上升，第十輪感染者還是會大幅增加。並且，因爲$2^{10}=1,024$，基本傳染數爲2時，和1.2時的感染速度有天壤之別。因此，面對像新冠肺炎的傳染病時，即使基本傳染數只比1大一點點，也絕不能掉以輕心。

再舉個用指數函數預測人口數的例子吧。

以下是顯示1900年後的世界人口數的表格。從此表的資訊透過數學建模求出有關人口增加的指數函數，則爲$P=(1436.53)×(1.01395)^t$，亦即在一般指數函數$y=b×a^x$中$b=1436.53$、$a=1.01395$，而$t=0$爲1900年。

若要使用指數函數預測2020年人口數，則在指數式中帶入$t=120$，可得$P=(1436.53)×(1.01395)^{120}≈7,574$（百萬）。

t（1900年以後的年份數字）	人口（百萬）
0	1650
10	1750
20	1860
30	2070
40	2300
50	2560
60	3040
70	3710
80	4450
90	5280
100	6080
110	6870

也就是說，可以預測出2020年的人口數約會是80億7,400萬人左右，而實際上2022年住在地球的人口數約是77億9,500萬人，可以算是比較接近的預測。

若使用此指數函數預測2050和2100年的人口數，則分別可得到以下結果。

2050年：$t=150$時，$P≈11476$ 所以約為114億7,600萬人

2100年：$t=200$時，$P≈22942$ 所以約為229億4,200萬人

令人驚訝的預測結果顯示，到了2100年大約會有比現在多3倍的人口生活在地球上。究竟這是真的嗎？

有句俗諺「孩子會自帶糧草」，這是以前農耕時代需要人力的情況下，即使生活再貧困，也會鼓勵生育後代的最佳例證。實事上，綜觀人類歷史，多產一直都被認為是最大的祝福。從國家層面來看也是如此，因為人口數多表示能取得更多的兵力和勞動力，所以自古人口數就象徵了國力。

這樣的想法在英國經濟學家馬爾薩斯（Thomas Robert Malthus）的時代也一樣。然而，馬爾薩斯對於有關多產的普遍觀念抱持疑問而開啟研究，並得出人口數多會使國家更貧窮的結論。馬爾薩斯整理出研究結果並在1798年發表了《人口論》（*An Essay on the Principle of Population*），他在書中主張「人口以幾何級數增加，但食糧以算術級數增加」；食糧生產有一

定限制，但因人口以非常快的速度增加，最終，世界的食糧生產量會無法負荷人口增加而陷入貧窮。

　　根據馬爾薩斯的研究，若現在人口為P_0、人口增加率為r、在某一時間t的人口為$P(t)$，則可以得出$P(t)=P_0 e^{rt}$的結論；這樣的人口模型稱為馬爾薩斯的「指數成長模型」。

　　然而，在一般人口模型中，雖然人口數少的初期人口會以幾何級數上升，但在現實中因為受到食糧、居住地、空間及其他天然資源影響，成長會受到限制。考慮到這點的比利時數學家韋呂勒（Pierre F. Verhulst）將馬爾薩斯的人口成長模型做了如下的修正：

$$P(t)=\frac{bP_0}{P_0+ae^{-rt}}\ (a,\ b\ 為常數)$$

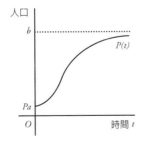

經過修正後的模型稱為「邏輯迴歸模型」。透過此模型能了解在初期人口數會急遽增加，但從某一瞬間開始趨緩，甚至維持一定。這樣的特性在自然現象或社會現象中實際發生了，例如，讓兔子在固定的空間內繁殖，兔子的數量一開始會以幾何級數增加，但經過一段時間後則會維持在穩定的狀態。

　　馬爾薩斯以人類和動物不同的兩項事實為前提寫了《人口論》；一項是人類無節制的性欲，另一項是為了滿足食欲的手段有限。其中，性欲還說得過去，但食欲和今天的情況似乎有些脫節。究其原因，主要是因為當時的情況不同——肥沃的土地不足，農業生產性也不高。包括馬爾薩斯在內的古典派經濟學家們認為，以人為的方式增產糧食無法跟上人口的增加。換句話說，糧食生產存在著無法克服的自然的絕對限制。

　　然而，自工業革命以來，西方資本主義社會卻走上了和馬爾薩斯的預測完全相反的道路；糧食生產量或人口都以幾何級數增長，西方先進社會也可不必擔心食糧問題並盡情滿足性欲。結果，以馬爾薩斯的理論為基礎的古典經濟學未能正確預測任何一項關於資本主義的未來。

　　雖然馬爾薩斯的《人口論》在今日被批判為不合時宜，但若考慮到全球環境問題、開發中國家的人口爆增問題和

先進國的家庭解體問題，他的想法並不能被完全無視。

再將話題帶回一開始提到的新冠肺炎吧。

2020年7月27日，若將韓國疾病管理本部所發表的新冠肺炎確診者數以圖表顯示，則如下圖。此圖表中的向上曲線是累積確診者數，但和前面所介紹的指數函數圖表形狀並不相同。

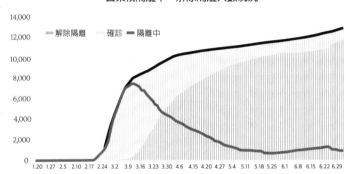

一日累積隔離中·解除隔離人數現況

事實上，指數函數$y=a^x(a>0, a\neq1)$為所有實數集合中所有正實數的集合，因為一一對應，所以它有一個反函數，而此圖表正是指數函數的反函數對數函數的圖表。

當a為1以外的正數時，根據對數的定義$y=a^x \Leftrightarrow x=\log_a y$成立，所以若將$x=\log_a y$中的$x$和$y$互換，指數函數會變成$y=a^x$的反函數$y=\log_a x(a>0, a\neq1)$；此函數稱之為以$a$為底數

的「對數函數」，並且圖形如下：

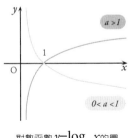

對數函數 $y = \log_a x$ 的圖

　　對數函數被使用在求地震所產生的能量大小，或對聲音和光等感受的強度。像是比起安靜的地方，在嘈雜的地方需要用更大的音量說話才聽得見；比起明亮的白天，燈光在夜晚看起來更亮。

　　德國的心理學家韋伯和物理學家費希納研究了這類現象，最後他們發現若感受的強度為 E、刺激的大小為 I，則如 $E = k \log I + C$（k, C 為常數）的對數函數成立。這就是以他們的名字命名的「韋伯－費希納定理」（Weber-Fechner Law）。

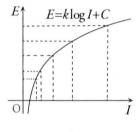

對數函數 $y = \log_a x$ 的圖

要預測人口數、病毒數、動物數量的方法有很多種。舉例來說，如果過去人口數幾乎以同一幅度增加或減少，且未來相同趨勢也將持續的話，則以特定年度的人口為基準，並利用某固定時間單位的平均增加率的話，可得人口隨時間變化的圖形將會呈現一直線，而此圖形稱為「線性模型」。

如果人口以幾何級數增加，圖形則會是前面介紹的「指數成長模型」；若受到某種限制的話，人口增加的圖形會是「邏輯迴歸模型」。邏輯迴歸模型是一開始人口急遽成長，直到過了某一時間點後趨緩，然後再次轉為快速增加的S字型圖形。

邏輯迴歸模型能在一般動植物的成長、微生物數量的增加，還有新冠肺炎的累計確診者數等情況中看到。然而，由於許多因素，當超過一定上限時增長速度減慢，並且圖形呈現向上凸起的樣子，這種情況稱為「修正後的指數成長模型」，修正後的指數成長模型則呈對數函數的圖形。

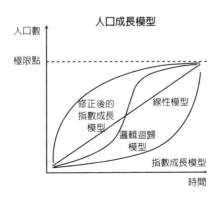

到這裡，我們了解了指數函數和對數函數可以用來預測人口數增加、病毒感染人數、細菌的增殖等。尤其，數學在預測病毒確診者上起了很大的功用，因此我認為數學對我們的生活很重要，是必要的學習。

32

平面能完全被填滿嗎？

希爾伯特的問題

　　科學技術的躍進大幅改變了我們的生活。19世紀起，專門化、知識化的科學技術發展為像20世紀的奈米和生物資訊學等交叉科學，並引領現在的綜合科學和資訊化時代。

　　DNA雙股螺旋構造的發現促成了遺傳工程學的發展，燃起了人類挑戰延長生命的夢想；飛機的出現使世界變為共同生活圈的地球村；全球定位系統（GPS）被活用於導航等多種裝置，使我們能不費力地到達想去的目的地。

　　像這樣，在20世紀後發生的科學事件，超越了科學史的意義，造就了和以往完全不同的新生活和文化。在此背景下，韓國科學財團在2010年將20世紀後所發生的科學事件整理並做了介紹。他們將20世紀後的科學事件按領域分

類，並發表了以〈20世紀後各領域的10大科學事件〉為標題的網路文章。為了將現實生活和科學技術更緊密連結，將領域分成6大類：基礎科學（物理、化學、數學）；健康、生命；地球、環境、海洋、能源；航空、宇宙、天文；技術、工程；電子、資訊，並在各領域多位專家的幫助下，分別選出各領域的10大事件。

在基礎科學領域中，數學方面被選出的有「數學難題的費馬大定理」「希爾伯特的23個問題」「為真但數學上無法證明的問題」等。本節就取其一、數學家們公認最重要的希爾伯特的23個問題來看看吧。

今日的數學不只是和自然科學有關，它透過人文、社會科學擴展其範圍，幾乎和所有學問都形成關聯。像這樣，現代數學的新領域正引領著人類文明的發展，然而現代數學會像這樣和許多領域開始產生密切關係的契機，說是德國數學家大衛・希爾伯特（David Hilbert）提出的23個問題也不為過。

希爾伯特開創並大大發展了現代數學的許多領域，因此他的成就幾乎影響了數學的所有部分。他和當時優秀的數學家阿道夫・赫維茲（Adilf Hurwitz）和赫爾曼・閔可夫斯基（Hermann Minkowski）關係良好，並一起交換了很多關於數學的

意見。尤其，兩人在選擇23個問題上給了希爾伯特很多建議，並忠告他在演講時發表23個問題中的10個就好。希爾伯特聽取他們的意見只發表了10個問題，但因為所有的內容都非常重要，演講的整體內容馬上就被翻譯成多國語言並發行上市。

要一一點出希爾伯特所提出的23個問題對現代科學發展做了什麼樣的貢獻並不容易，因為就像質數的發現被作為暗號活用在現在情報通訊領域一樣，數學理論的應用要花上短則數十年、長則數百年的時間。但是，透過克卜勒猜想幫助我們理解原子晶體結構，進而應用在經濟理論、設計、建築學等方面；數學理論的應用現在仍不斷在擴大。特別是從數學為基礎科學領域奠定根基的事實來說，希爾伯特提出的23個問題有很重大的意義。

19世紀，交通的發達促進了數學的發展，研究空間數學性質的幾何學、以文字代替數字或是將數學法則簡單表示的代數學，還有主要與函數有關的分析學等，數學的所有領域都有驚人的成果；這時的發展規模是之前的任何時期都無法媲美的。再加上交通的發達使交流逐漸擴大，過去兩個人之間要花數個月的書信往來，也變得能在短時間內實現。由於19世紀的這些變化，專門刊載數學相關內容的雜誌出版，數學家之間私下的往來也增加了。並隨著歐美

各國數學學會的成立和數學家的國際聚會興起，數學家彼此間的交流變得十分熱絡。

活躍於各自學會的各國數學家於是進一步認為，為了合力發掘新理論和解決未解決的難題等，需要實體數學聚會，並於1893年在芝加哥召開國際數學家學術大會。此次聚會為4年後1897年首次舉行的第一場正式數學家定期學術大會立下了根基；這正是稱為「國際數學家大會」的會議。此大會聞名的理由有兩個，第一個是1900年在會議中所發表的希爾伯特的23個問題；第二個是因為數學界的諾貝爾獎──菲爾茲獎──就是在這個大會進行頒發。

19世紀後半，由於數學爆發式的發展和數學家之間的交流增加，對數學有興趣的人變多，數學家也增加了。正因如此，不僅沒辦法細數出19世紀後半足以代表數學的多位傑出人物，並且誰也無法預測爆發式發展的數學的未來。

無法預測數學的未來，意味著我們無法判斷哪些問題在數學中有意義、哪些為發展文明所必須的問題。尤其是在數學王子高斯死後，數學家們稱再也不會有類似的人物出現而更加不知所措。然而不久後，為數學家們除去擔憂的優秀人物亨利‧龐加萊（Henri Poincaré）和希爾伯特出現了。

20世紀開始的1900年，在法國巴黎舉行的國際數學家大會，委託當時以確立幾何學基礎聞名的德國數學家希爾伯

特發表紀念演講。希爾伯特決心要準備一場能爲當時複雜混亂、失去方向的數學未來展望的演講。他選擇了不僅能發展數學，更預計能促進人類文明發展的23個問題。希爾伯特認爲，自己選擇的23個問題不僅會在未來的100年間讓數學家持續忙碌，也提示了未來數學的發展方向。

各位對希爾伯特所發表的23個問題是否感到好奇呢？不過他所提出的23個問題和內容涉及專業的數學領域，所以各位要理解其用語和內容並不容易。因此，這裡將盡可能地在不破壞原本內容的範圍下作簡單的介紹。

① 證明根據連續統假設（continuum hypothesis），大於整數集且小於實數集的集合不存在。此問題在1938年由哥德爾證明爲正確，但又在1963年被推翻。因此，現在處於無法確定是否該視爲解決或未解決的模棱兩可狀態。

② 算數公理的一致性是否能被證明。基於算數公理的有限個的邏輯運算永遠不會導致矛盾的結果；已在1933年被證明。

③ 關於體積相同的兩個多面體，問若將其中一個切割成有限塊，是否總能將這些塊適當黏起並結合成另一個多面體；此問題在1900年被證明爲不可能。

④ 提出一個滿足幾項條件，並除了歐幾里得第5公設的

平行公設，擁有和歐幾里得幾何的公理「最接近」的公理之幾何學；由於此問題內容定義模糊，是否已經解決無從得知。

⑤ 是否能避開函數可微性的假設來定義連續變換群；1952年，已由美國的數學家們解決。

⑥ 有關物理學公理化的問題；目前尚未得到解決。

⑦ 當 α 為非0或1的代數數，而 β 是代數無理數時，α^β 是否為超越數；在1934年被證明為正確。

⑧ 證明在19世紀著名的黎曼的預想；即，證明 ζ 函數除了負整數的零點外，所有零點的實數部分都是 $\frac{1}{2}$。以「黎曼猜想」的名字更廣為人知的這個問題目前尚未被解決，並有100萬美金的挑戰獎金。希爾伯特認為如果這能被證明，那麼雙生質數有無數對的猜想也能被證明。

⑨ 關於數論互反律一般化問題；在1927年獲得解決。

⑩ 丟番圖方程有理數解的存在與否是否能用有限次的操作判定；在1970年被證明為無法判定。

⑪ 二次域所獲得的結果是否能擴展到任意代數域；目前僅部分獲得解決。

⑫ 要求把克羅內克定理（Kronecker Theorem）擴大到任意代數域；目前尚未得到解決。

⑬ 是否能用有2個變量的函數「2元函數」來求解一般7

次方程式;已獲得證明。

⑭ 證明一些函數完全系統（Complete System of Functions）之有限性問題;已被證明普遍不成立。

⑮ 確立代數幾何學基礎的問題;部分獲得解決。

⑯ 有關代數曲線和曲面的拓撲研究的問題;目前尚未得到解決。

⑰ 是否能把有理函數表示成平方和分式;在1927年獲得解決。

⑱ 用全等多面體完全填滿空間的問題。此問題因關於堆球的克卜勒猜想沒解決而一度被分類爲未解決，但隨著克卜勒猜想獲得解決，而在2000年後被視爲已解決。

⑲ 變分問題的解是否總是爲解析函數;在1904年獲得解決。

⑳ 是否所有具有邊界值條件的變分法問題都有解;橫跨整個20世紀的研究結果顯示，可以求出非線性情況的解。

㉑ 擁有給定單值群的線性微分方程是否存在;在1905年，由希爾伯特自己解決了。

㉒ 將解析關係以自守函數一致化的問題;單變量函數的情況已解決。

㉓ 擴展變分法的問題;目前尚未得到解決。

第18題，因關於堆球的克卜勒猜想沒解決，一度被分類為未解決，但隨著克卜勒猜想獲得解決，而在2000年後被承認為已解決。

克卜勒猜想是從英國的航海專家雷利爵士（Sir Walter Raleigh）起始的。1590年代末期，他在將行李裝載上船時，要求助手哈里歐特（Thomas Harriot）制定一個光靠目測堆放在船上的砲彈堆的樣子，就能知道砲彈數量的公式。因此，哈里歐特試著尋找了能計算以特別樣子堆放的砲彈數量的公式。他更進一步地試圖找出能在船上裝最多砲彈的方法。然而他認為自己無法解決此問題，而寫信給當時最有名望的數學家，也是天文學家的約翰尼斯·克卜勒。

1611年，克卜勒在題為《論六角雪花》（The Six-Cornered Snowflake）的論文中首次提出此問題。在此論文中，克卜勒思考了用一定圖形將平面填滿的問題，並表示能完全填滿平面的最簡單的圖形是正三角形。下面就來一探究竟他是怎麼想的吧。

將數枚大小相同的硬幣擺在平坦的桌子上方，隨意移動並排列看看。將硬幣的密度，也就是相對於整體空間硬幣所占空間的比率，最大化的排列方法，是讓每個硬幣被6個不同的硬幣包圍。因此，若將硬幣以正六角形的樣子規則地排列，就能覆蓋平面。

　　每個正六角形都是一部分由圓形占據，一部分則留有空隙對吧。因為正六角形可以分割成正三角形，只要用三角形的密度計算，就能求出這種排列的密度。

　　為了方便計算，若假設硬幣的半徑為1，則因為平面能用全等的正三角形覆蓋，所以只需要求一個正三角形就夠了。三枚硬幣放在一起時，只要連結各硬幣的中心，則會形成邊長為2的正三角形。若利用畢達哥拉斯定理，求正三角形的高和面積，則兩者皆為$\sqrt{3} \approx 1.732$。

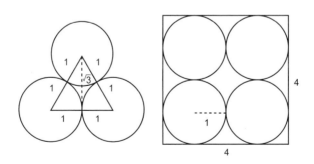

　　密度是正三角形中被圓形覆蓋的部分除以整個三角形面積的值。由於正三角形的一個內角為60度，所以3個圓各

有 $\frac{1}{6}$ 被包含在正三角形內，因共有3個，可得正三角形內含的部分的面積為 $\frac{3}{6}\pi \approx 1.571$。並且，若將圓形覆蓋的部分除以三角形的面積，則密度約為 $\frac{1.571}{1.732} \approx 0.907$。

結果，若將硬幣以正六角形做排列，能覆蓋平面的約90.7%。如果用同樣的方式計算，以正方形做排列並覆蓋平面時的密度約為0.785，能覆蓋平面的約78.5%。

克卜勒在研究構成物質的小粒子的排列狀態時，思考了該如排列粒子才能將體積最小化。如果所有的粒子都像球一樣是圓球形的話，無論怎麼堆疊，它們之間都會有空隙。問題是，如何將空隙縮減至最小，並將堆起的圓球形所占的體積最小化。克卜勒嘗試一一計算了許多不同方法的效率性，但最終無法下結論，而只留下猜想。

克卜勒猜想困擾了數學家約400年之久，最後終於在1998年，被密西根大學的托馬斯‧黑爾斯（Thomas Hales）證明。暢銷全球的《費瑪最後定理》一書作者賽門‧辛（Simon Singh）這麼評價「克卜勒猜想」：

「要接在費瑪最後定理後的問題必須有不輸給它的趣味和魅力才行，克卜勒猜想正是這樣的問題。看似單純，但當你嘗試解決時，卻不得不懾服於問題的困難之下。」

進入到21世紀，今日的數學家都知道，無論是曾表示大部分主要問題都已被解決的18世紀後期的數學家的主張，或是希爾伯特在19世紀末發表所有的問題都能被解決的主張，都是不正確的。因為光在數學領域，每年就有約30萬個以上新理論和傑出的成果被完成，並且等待著豐富結果的新領域和誘惑數學家的魅力問題仍持續遭到發掘。尤其，今日的數學不只是自然科學，也和人文、社會科學等，幾乎所有學問領域都有關聯，並引領著人類文明發展，而這一切的開端都是源自希爾伯特所提出的23個數學問題。這就是我們將希爾伯特的問題選為〈20世紀後各領域的10大科學事件〉之一的理由。

　　希爾伯特所提出的23個問題中，為了解決至今仍未獲得解決的問題，數學家的挑戰方興未艾。在眾數學家無止盡的挑戰促使數學越加豐富和充實下，科技文明也將孜孜不倦地前進。

數學的未解決事件

黎曼猜想

　　希爾伯特所提出的23個問題中，以「黎曼猜想」為人們所知的第8題，連一般人也很感興趣。這個問題是「ζ函數的所有非平凡根的實數部分都是 $\frac{1}{2}$」的證明，簡單來說，是關於小於給定數的質數個數的問題。它至今仍未獲得解決，並附有100萬美金的挑戰獎金。希爾伯特認為如果這個問題能被解決，那麼雙生質數有無數對的猜想也能被證明。而這裡提到的雙生質數為質數中像是3和5、5和7、11和13等，連續且兩數間的差為2的質數。

　　想要理解黎曼猜想的所有內容並不容易，但只要稍微有些數學知識就能達到「原來這就是黎曼猜想！」的程度。如果想理解黎曼猜想，就必了解ζ函數（Zeta函數）。雖然稍

嫌複雜，不過要是覺得表現形式太困難理解的話，用眼睛大概看看就略過也沒關係。其實，算式雖然複雜，但只要知道國中學的等式性質和指數定律的話，要理解也不會有太大問題。

那麼，就來一探黎曼函數吧。

黎曼猜想中出現的ζ函數被定義為以下的無窮級數。

$$\zeta(s) = 1 + \frac{1}{2^s} + \frac{1}{3^s} + \frac{1}{4^s} + \frac{1}{5^s} + \frac{1}{6^s} + \frac{1}{7^s} + \frac{1}{8^s} \cdots$$

舉例而言，若 $s=0$，則ζ函數的值因某數的 0 次方為 1 而如下發散。

$$\zeta(0) = 1 + \frac{1}{2^0} + \frac{1}{3^0} + \frac{1}{4^0} + \frac{1}{5^0} + \frac{1}{6^0} + \frac{1}{7^0} + \frac{1}{8^0} \cdots$$
$$= 1+1+1+1+1+1+1+1+ \cdots$$

又，如果 $s=-1$，則ζ函數的值如下發散。在這裡，因為 $a^{-1} = \frac{1}{a}$ 所以 $\frac{1}{a^{-1}} = a$。

$$\zeta(-1) = 1 + \frac{1}{2^{-1}} + \frac{1}{3^{-1}} + \frac{1}{4^{-1}} + \frac{1}{5^{-1}} + \frac{1}{6^{-1}} + \frac{1}{7^{-1}} + \frac{1}{8^{-1}} \cdots$$
$$= 1+2+3+4+5+6+7+8+ \cdots$$

但若$s=2$，則ζ函數的值如下：

$$\zeta(2) = 1 + \frac{1}{2^2} + \frac{1}{3^2} + \frac{1}{4^2} + \frac{1}{5^2} + \frac{1}{6^2} + \frac{1}{7^2} + \frac{1}{8^2} \cdots$$
$$= 1 + \frac{1}{4} + \frac{1}{9} + \frac{1}{16} + \frac{1}{25} + \frac{1}{36} + \frac{1}{49} + \frac{1}{64} \cdots$$

這個無窮級數也發散嗎？不是！

若$s=2$，則ζ函數的值為$\zeta(2) = \frac{\pi^2}{6}$，但事實上，因為這是大學的微積分程度，所以這裡先知道結果就好。總之根據s的值為何，ζ函數可能有函數值也可能沒有函數值。

那麼這個ζ函數和質數有什麼關係呢？

最廣為人知的尋找質數的方法是「埃拉托斯特尼篩法」（Sieve of Eratosthenes）。透過埃拉托斯特尼篩法可以按以下的過程找出質數。依序寫出自然數，將1除外並在第一個出現的數2上畫圈，再將2的倍數全部畫掉；接著，在沒被畫掉的數中第一個出現的數3上畫圈，再將3的倍數全部畫掉；然後再一次，在沒被畫掉的數中第一個出現的數5上畫圈，再將5的倍數全部畫掉。只要重覆這個方法，最後會只剩下有畫圈的數字，而此時有畫圈的數字即為質數。

1	2	3	4	5	6	7	8	9	10
11	12	13	14	15	16	17	18	19	20
21	22	23	24	25	26	27	28	29	30
31	32	33	34	35	36	37	38	39	40
41	42	43	44	45	46	47	48	49	50
51	52	53	54	55	56	57	58	59	60
61	62	63	64	65	66	67	68	69	70
71	72	73	74	75	76	77	78	79	80
81	82	83	84	85	86	87	88	89	90
91	92	93	94	95	96	97	98	99	100

　　埃拉托斯特尼篩法是能很俐落找出質數的方法，但這個方法繁瑣又乏味，所以需要更精練化尋找質數的方法。現在讓我們用ζ函數來看看這種方法吧。

　　前面提過ζ函數的定義如下：

$$\zeta(s) = 1 + \frac{1}{2^s} + \frac{1}{3^s} + \frac{1}{4^s} + \frac{1}{5^s} + \frac{1}{6^s} + \frac{1}{7^s} + \frac{1}{8^s} + \cdots \quad ---①$$

　　就如埃拉托斯特尼篩法的作法一樣，讓我們將1除外，並利用第一個出現的 $\frac{1}{2^s}$ 來試著減少ζ函數右邊無限延續下去的項目如何呢？若將ζ函數的兩邊都乘 $\frac{1}{2^s}$ 則會得到以下算式。

$$\frac{1}{2^s} \times \zeta(s) = \frac{1}{2^s} \times \left(1 + \frac{1}{2^s} + \frac{1}{3^s} + \frac{1}{4^s} + \frac{1}{5^s} + \frac{1}{6^s} + \frac{1}{7^s} + \frac{1}{8^s} + \cdots\right)$$

根據指數定律可得以下算式：

$$\frac{1}{2^s}\zeta(s) = \frac{1}{2^s} + \frac{1}{4^s} + \frac{1}{6^s} + \frac{1}{8^s} + \frac{1}{10^s} + \frac{1}{12^s} + \frac{1}{14^s} + \cdots \text{ ---②}$$

接著若將①-②，則左邊為 $\zeta(s) - \frac{1}{2^s}\zeta(s) = \left(1 - \frac{1}{2^s}\right)\zeta(s)$，而右邊可得從①中除去偶數項的以下算式：

$$\left(1 - \frac{1}{2^s}\right)\zeta(s) = 1 + \frac{1}{3^s} + \frac{1}{5^s} + \frac{1}{7^s} + \frac{1}{9^s} + \frac{1}{11^s} + \frac{1}{13^s} + \cdots \text{ ---③}$$

若將③中的1除外，並再次將③的兩邊都乘上第一個出現的 $\frac{1}{3^s}$ 則會得以下算式：

$$\frac{1}{3^s} \times \left(1 - \frac{1}{2^s}\right)\zeta(s) = \frac{1}{3^s} \times \left(1 + \frac{1}{3^s} + \frac{1}{5^s} + \frac{1}{7^s} + \frac{1}{9^s} + \frac{1}{11^s} + \frac{1}{13^s} + \frac{1}{15^s} + \frac{1}{17^s} + \cdots\right)$$

根據指數定律可得以下算式：

$$\frac{1}{3^s} \times \left(1 - \frac{1}{2^s}\right)\zeta(s) = \frac{1}{3^s} + \frac{1}{9^s} + \frac{1}{15^s} + \frac{1}{21^s} + \frac{1}{27^s} + \frac{1}{33^s} + \cdots \text{ ---④}$$

然後若將③-④，則左邊如下：

$$\left(1 - \frac{1}{2^s}\right)\zeta(s) - \frac{1}{3^s}\left(1 - \frac{1}{2^s}\right)\zeta(s) = \left(1 - \frac{1}{3^s}\right)\left(1 - \frac{1}{2^s}\right)\zeta(s)$$

右邊則是(3的倍數)^{s}的項都遭到去除；而若將1除外，則第一個出現的項為 $\frac{1}{5^s}$。

$$\left(1-\frac{1}{3^s}\right)\left(1-\frac{1}{2^s}\right)\zeta(s)=1+\frac{1}{5^s}+\frac{1}{7^s}+\frac{1}{11^s}+\frac{1}{13^s}+\frac{1}{17^s}+\frac{1}{19^s}+\cdots \text{---⑤}$$

為了重複下前面相同的作法，這次將⑤的兩邊都乘上 $\frac{1}{5^s}$，並從⑤中減去所得的結果，則可得以下算式：

$$\left(1-\frac{1}{5^s}\right)\left(1-\frac{1}{3^s}\right)\left(1-\frac{1}{2^s}\right)\zeta(s)=1+\frac{1}{7^s}+\frac{1}{11^s}+\frac{1}{13^s}+\frac{1}{17^s}+\frac{1}{19^s}+\frac{1}{23^s}+\frac{1}{25^s}+\cdots$$

如果無限反覆此過程，則可得以下結果：

$$\cdots\left(1-\frac{1}{11^s}\right)\left(1-\frac{1}{7^s}\right)\left(1-\frac{1}{5^s}\right)\left(1-\frac{1}{3^s}\right)\left(1-\frac{1}{2^s}\right)\zeta(s)=-1 \text{---⑥}$$

⑥左邊要相乘的每個括號皆分別對應一個質數，並無限延續下去。接著，如果用⑥左邊的所有括號來除兩邊，則 ζ 函數可用以下算式表示：

$$\zeta(s)=\left(1-\frac{1}{2^s}\right)^{-1}\left(1-\frac{1}{3^s}\right)^{-1}\left(1-\frac{1}{5^s}\right)^{-1}\left(1-\frac{1}{7^s}\right)^{-1}\left(1-\frac{1}{11^s}\right)^{-1}\cdots=\prod_p(1-p^{-s})^{-1}$$

最後，因為 ζ 函數是 $\zeta(s)=\sum_{n=1}^{\infty}n^{-s}$，我們可以得到以下簡單的算式：

$$\zeta(s) = \sum_{n=1}^{\infty} n^{-s} = \prod_p (1-p^{-s})^{-1}$$

算式左邊是無限個自然數倒數按順序的s次方和，右邊為無限個質數的乘積；由此可以得知質數有無限多個。

然而，雖然乍看之下似乎沒有滿足$\zeta(s)=0$的根存在，但實際將ζ函數變形並擴大定義域的話，就能發現有許多根（當然這裡就先不介紹那麼遠）。事實上，在實數範圍內，s=-2、-4、-6、-8……等都是根，並且這些根稱為「平凡根」。

ζ函數可以將定義域擴張到複數，這時，非實數的複數的根也會存在；這種複數的根稱為「非平凡根」。事實上，要了解平凡根和非平凡根需要很多說明，但我們大概先了解到這裡就好。

黎曼猜想可以重新寫為：

$\zeta(s)=0$ 函數中$\zeta(s)$所有非平凡根的實數部分是$\frac{1}{2}$。

亦即將滿足$\zeta(s)=0$的所有複數根以$a+bi$表示時，$a=\frac{1}{2}$；即$\zeta(s)=0$的複數根為$s=\frac{1}{2}+bi$（b為實數）。

若黎曼猜想獲得證明，會發生什麼事呢？實際上會帶來什麼樣的結果雖然不得而知，但在數學和物理學界中必定會發生極大的變化。在今日，質數使名為密碼學的學問領域得

以發展，密碼學中質數的重要性不言而喻，並占有絕對的地位。因此黎曼猜想若獲得解決，現代暗號也會颳起巨變的風——可能會出現不同於現在的新形式暗號，也可能更鞏固現在的加密方式。相反地，也有可能會使現在的加密方式失去用武之地，很難確實下定論說會是哪一種結果。

雖然不完全準確，但為了更容易理解，舉一個類似的例子來說明吧。例如，比10小的質數為2、3、5、7的4個，這4個質數如果能用某個公式來表示，要找出比給定數小的質數就能變得相當簡單。並且，若想知道比100小的質數的個數，只要將100代入該公式即可。也就是說，因為比100小的質數有19個，19個全都找到後，就不必再找；還沒找齊19個時，則需要再找。因此，對於尋找質數有很大的幫助。

尋找質數是很重要的事，理由是現在我們將質數活用於暗號中。比如說，各位開設的銀行賬戶密碼或網路上使用的各種帳號密碼，大部分幾乎都是利用質數生成的。像這種使用質數的加密方式——公開金鑰加密——雖然很複雜，但其原理非常簡單。

要計算兩個質數$p=47$和$q=73$的乘積為3,431很簡單，但要反過來將3,431做質因數分解、找出質因數的47和73卻不是簡單的事。公開金鑰加密正是利用這樣的原理，將很大的兩數p, q作為祕密，並公開其乘積$n=pq$的方式。若p和

q各爲130位數左右的質數，則用現在的計算方法和電腦解開的話，約要花上一個月的時間；若各爲400位數，則約要花上10億年。

能突破公開金鑰加密系統唯一的方法，是靠將某數快速地質因數分解（將給定合數除以質數的倍數，並將該合數表示爲其質因數相乘的過程）。並且，若想快速地做質因數分解，就必須先知道哪些數是或不是質數才行。此時，黎曼猜想若成立，則因爲它將提供快速判別是否爲質數的方法，所以使用質因數分解的今日的暗號方式將會很容易被破解。

不過，總有一天黎曼猜想會被解決是可以肯定的，因爲數學家絕不會對如此妙不可言的問題置之不理。綜合多位傑出數學家的意見，他們一致認爲目前的數學水準尚無法證明黎曼猜想。

黎曼猜想可以是眞，也可以是假。唯一能確定的是，要解決這個問題可能還得再花些時間，不過總有一天，肯定能用數學的力量揭開眞相。

畢達哥拉斯是西方文明的思想領袖

大部分人都只知道畢達哥拉斯是提出「畢氏定理」的優秀數學家。有關直角三角形的「畢氏定理」是初等幾何學中最美麗也實用的定理。畢氏定理為 $a^2+b^2=c^2$，而第一個對此提出確切、有邏輯的證明的人正是畢達哥拉斯。

然而，只認識作為數學家的畢達哥拉斯是非常不足的。他是被視為西洋文明之泉源的思想領袖，也是秉著天賦和優秀人格誕生的偉人。

畢達哥拉斯重視時間、禁酒肉、避免貪婪，過著自我節制的生活。正因如此，他睡得很少，但仍總是穩定地將非凡的頭腦、純粹的心靈、縝密的思想，還有身體的健康維持在最佳狀態。

此外，他也向神職人員和教師們求教，並在完美理解宗教的意義和原理的同時，以其為基礎接受並結合所有新知以尋求真理；對於哲學和宗教，畢達哥拉斯始終保持著學習者的姿態。藉此分享一個畢達哥拉斯被視為聖人的趣聞。

某天，畢達哥拉斯想去埃及並向水手們徵求乘船許可。水手們答應讓他上船，但內心盤算要將他載去埃及當作奴隸賣掉。然而，水手們卻在航海途中改變了想法；他們從這位年輕人的氣質和行動中感受到了某種超自然的力量。

3天2夜期間，畢達哥拉斯在未飲未食也未就寢的狀態下端正地坐著，除了打瞌睡之外，幾乎紋風不動。而在那期間，該船彷彿像是載了某位神祇一般，沒遇到任何困難、非常順利且快速地航向埃及。水手們未曾體驗過如此平靜、順風航行的大海，因此認定畢達哥拉斯肯定是位神明。

畢達哥拉斯一邊巡禮埃及各處的寺廟和學校，一邊持續修行和學習。這期間，人們漸漸開始高度評價他的努力和才能，也承認並尊敬他。儘管畢達哥拉斯才能出眾一事在世界各地傳開，他仍持續求見有名望的智者或各門知識的傳承者，並謙虛地向他們討教。只要是當時流行的事物，即使是詭異的密教儀式，他都一視同仁地前往學習；只要是他認為可能蘊藏某種不凡的地方，也都一個不落地前去

拜訪。

　　最終，畢達哥拉斯拜訪了埃及所有著名的神職者，並獲得了他們各自懷藏的智慧。因此在22年間，他不只學習了與埃及的神廟和聖殿、天文學和幾何學以及諸神有關的所有正式儀式，甚至也學了臨時簡便的方法。

　　畢達哥拉斯發現自己正處於新舊知識交融的中心。他和巴比倫尼亞人交流知識，並詳細地學習了在祆教中最偉大的神——善與光明之神阿胡拉・馬茲達（Ahura Mazda）的神聖火焰前淨化身體的儀式。尤其，畢達哥拉斯不僅精通數字、和聲、韻律及各種數學和科學知識，同時也因解析天文學和天空的各種現象而悟出了預測未來的方法。畢達哥拉斯在巴比倫待了12年後，收到了可以回去已成為波斯帝國一部分的故鄉薩摩斯島的許可，而此時的他已經56歲。

　　畢達哥拉斯一回到故鄉，就為了正式共享自己所知的知識而培育弟子；他開始將數學轉變為一門嚴密而有邏輯的學問。時至今日，畢達哥拉斯很多的思想都能被應用在我們的生活中。

　　畢達哥拉斯去世時已年近100歲，並且領導了畢達哥拉斯學派的共修院39年之久。若根據傳說，畢達哥拉斯被埋葬在梅塔蓬圖姆，但至今並未確實找到他的墳墓。

·後記·

沒有數學，
人類的文明無法前進

　　到這裡，我們嘗試了像數學家一樣看世界、進行新的思考，並且經歷了一場擴張思維的旅行，各位有什麼感想呢？衷心希望這是一段拓展各位承裝思想器皿的美好時間，也希望各位已萌生數學很有趣的想法。儘管如此，如果還是有人對數學感到厭煩的話，最後我想說說下面這段話。

　　世界要是沒有數學會怎麼樣呢？試著想想看吧。

　　若沒有數學就無法訂定時間；因為太陽升起而能知道是早上，但無法知道是幾點，所以無法遵守約定時間，應該說，根本無法約定要在幾點見面。此外，因為不知道時間的進程，無法知道確切的時期而導致農作物歉收；結在

樹上的果實，也會因為錯過花期而無法即時摘採來吃。大概得要等到秋天來臨；但要察覺季節的變化也需要數學知識，所以很難知道秋天什麼時候來，和果實何時成熟。

要是沒有數學，就算想為了取得糧食冒生命危險捕獵動物，也沒辦法製作出像樣的打獵工具。因為矛和弓箭的前端都呈三角形狀，而三角形是數學中最基本的圖形。然而數學要是消失的話，根本也不會產生需要製造出高品質、三角形的矛和弓箭的想法。要是不小心，甚至會發生被獵捕動物反噬的狀況。即使運氣好獵捕成功了，也會因為不知該怎麼分食而不知所措吧。因為如果沒有數學，分配的概念也就不存在。

要是沒有數學，也無法蓋房子。為了蓋房子，需要先設計要蓋哪一種房子，並根據設計準備磚塊、鋼筋或是木材等材料才行；然而，如果沒有數學，這一切都做不了。沒有數學，則沒有圖形；沒有圖形，則不能做設計。另外，因為無法測定直線、角、長度、重量、體積等，所以即便有材料也只能蓋出歪七扭八的房子。

那麼電腦呢？要是沒有數學，電腦也不會被創造出來。電腦是利用0和1兩個數字來處理訊號的機器。通電時為1，未通電時為0。然而，要是沒有數學，因為沒有0也沒有1，所以無法進行這樣的程序，而電腦也不會存在。因

此我們喜愛的電腦遊戲或網路從一開始就不會存在於這個世界。於是，我們可以玩的遊戲大概只有丟沙包或跳房子等而已。但即使在這類遊戲中，也無法計算分數或計較輸贏。

手機或電視等生活家電用品當然也是，沒有數學就不會存在。各種家電用品中配有電子電路，而電路是靠數學理論為基礎設計的。也就是說，電路本身就是數學。儘管想辦法製造出電視，但若是沒有數學的話，則無法區分頻道。

還有，如果手機鍵盤中的數字全部消失的話，則會因為無法輸入對方的號碼而打不了電話。電視或手機透過各自的頻率運行，要是沒有數學，將無法區別頻率。即使偶然轉到了想看的電視頻道，也可能發生因為捕捉到其他電視臺送出的訊號，而無法收看想看的節目的情況。

汽車、火車或腳踏車等交通工具又如何呢？先不論汽車、火車和腳踏車複雜的構造，要是缺少在數學中極為重要的圖形——圓，也就是圓形的車輪，則一切都是空談。汽車的輪子要是凹凸不平，則不只是人，裝載在汽車內的物品也會因為車子左搖右晃又嘎嘎作響，無法好好地移動到其他地點。腳踏車也一樣，如果沒有圓形的輪子，將因為無法順暢地滾動前進，結果只能靠雙腳走路或跑步。

人們渴望的金錢同樣也是沒有數學就不會存在。如果沒

有金錢，住在山裡的人想吃魚的時候，就必須從樹上摘很多果實，背在背上，再走到漁村去換魚才行。需要背著大量沉重的果實跋涉，並且就算換成魚後，還得再次背著魚回到洞窟才行。然而到洞窟的距離如果太遠，魚會在返程途中全部壞掉，結果最後變得無法食用。事實上，如果沒有數學，就無法比較魚和果實，所以打從一開始就無法做交換。

認真地說，沒有數學唯一的好處，大概就是各位可以不用在學校學習最討厭的科目——數學。問題是如果沒有數學，那也就沒有科學，所以在學校只能學習到語言、社會和歷史等科目。就連這些科目，也都只能學習未活用數學的內容。事實上，這樣的內容不用特意去學校，在家裡也能充分學習。就好像母親只需要教導子女們捕食技術或逃離獵食者的方法，就足夠他們在自然界生存一樣。

如果是這樣，那將不足以被稱為文明。想像一下你光著身子在原野奔跑，躲避獅子鋒利的腳爪和凶猛獠牙的畫面吧！那便是沒有數學的世界。

在生活中，不論我們願意與否，每天都會不計其數地遇到數學：去商店買東西、計算遊戲積分、替盆栽澆水、做飯、計算汽車燃料費、計算特價金額、買壁紙、決定油

漆的用量、爲了去旅行計算從家裡出發的時間、收到零用錢……等不勝枚舉。不論是什麼情況，數學占日常生活的比重可以說相當高。

因爲這樣的理由，我們學習數學；因爲數學在日常生活中不可或缺，所以學校才會教數學。

從結論來說，因爲數學和我們共存，我們就更有必要和它親近；最重要的是，我們不能忘記，數學是提供人類名爲「思想革命」之奇妙不可思議的思維系統的事實。

圓神出版事業機構　用心與你對話‧網野無限寬廣

如何出版社　Solutions Publishing

Eurasian Publishing Group

www.booklife.com.tw

reader@mail.eurasian.com.tw

Happy Learning 210

畢達哥拉斯的思考課 ——
從通勤到愛情，用數學家的思維解決問題

作　　者／李光淵
譯　　者／楊嬋霓
發 行 人／簡志忠
出 版 者／如何出版社有限公司
地　　址／臺北市南京東路四段50號6樓之1
電　　話／（02）2579-6600‧2579-8800‧2570-3939
傳　　真／（02）2579-0338‧2577-3220‧2570-3636
副 社 長／陳秋月
副總編輯／賴良珠
責任編輯／張雅慧
校　　對／張雅慧‧林雅萩
美術編輯／金益健
行銷企畫／陳禹伶‧蔡謹竹
印務統籌／劉鳳剛‧高榮祥
監　　印／高榮祥
排　　版／杜易蓉
經 銷 商／叩應股份有限公司
郵撥帳號／18707239
法律顧問／圓神出版事業機構法律顧問　蕭雄淋律師
印　　刷／祥峰印刷廠
2023年9月 初版

피타고라스 생각 수업：수학자는 어떻게 발견하고 분석하고 활용할까
Copyright 2023 © by 이광연 李光淵
All rights reserved.
Complex Chinese Copyright © 2023 by EURASIAN PUBLISHING GROUP, Solutions Publishing
Complex Chinese language edition arranged with UKNOW CONTENTS GROUP Co., Ltd. through 韓國連亞國際文化傳播公司(yeona1230@naver.com)

定價390元　　　　ISBN 978-986-136-669-2

人與猴子最大的差別，就是人類發明了數學，

讓我們能更看清這個世界，並且做出精準預測。

這本書充滿生活化有趣例子，幫助讀者重拾人類的長處。

—— 《心中有數，腳下有路》

◆ **很喜歡這本書，很想要分享**

圓神書活網線上提供團購優惠，
或洽讀者服務部 02-2579-6600。

◆ **美好生活的提案家，期待為您服務**

圓神書活網 www.Booklife.com.tw
非會員歡迎體驗優惠，會員獨享累計福利！

國家圖書館出版品預行編目資料

畢達哥拉斯的思考課 —— 從通勤到愛情，用數學家的思維
解決問題／李光淵 著；楊嫻霓 譯 . -- 初版 -- 臺北市：如何
出版社有限公司，2023.09
　　304 面；14.8×20.8 公分 -- （Happy Learning；210）
　　譯自：피타고라스 생각 수업 : 수학자는 어떻게 발견하고 분
　　석하고 활용할까
　　ISBN 978-986-136-669-2（平裝）

　　1.CS：思維方法　2.CST：應用數學

176.4　　　　　　　　　　　　　　　　　112011824